Praxisratgeber Wechselmodell

T0343507

Hildegund Sünderhauf

Praxisratgeber Wechselmodell

Wie Getrennterziehen im Alltag funktioniert

Mit Illustrationen von Katharina Kravets

 Springer

Prof. Dr. jur. Hildegund Sünderhauf
Evangelische Hochschule Nürnberg
Nürnberg, Bayern, Deutschland

ISBN 978-3-658-27209-8   ISBN 978-3-658-27210-4   (eBook)
https://doi.org/10.1007/978-3-658-27210-4

Die Deutsche Nationalbibliothek verzeichnet diese Publikation in der Deutschen Nationalbibliografie;detaillierte bibliografische Daten sind im Internet über http://dnb.d-nb.de abrufbar.

Springer ist ein Imprint der eingetragenen Gesellschaft Springer Fachmedien Wiesbaden GmbH und ist ein Teil von Springer Nature.
Die Anschrift der Gesellschaft ist: Abraham-Lincoln-Str. 46, 65189 Wiesbaden, Germany

Für unsere Kinder und alle, die sie lieben.

Danksagung

Ich danke allen Müttern und Vätern, die ihre Erfahrungen mit Kinderbetreuung nach Trennung/Scheidung in den vergangenen zehn Jahren, in denen ich mich mit Forschung zu Fragen des Wechselmodells beschäftigt habe, mit mir geteilt haben. Den Fachleuten, die mit mir kritisch diskutiert haben danke ich ebenso, wie denjenigen, die meine Empfehlungen umgesetzt haben. Der Evangelischen Hochschule Nürnberg danke ich für die Unterstützung durch Gewährung eines Sabaticals, damit ich Zeit zum Schreiben dieses Buches finden konnte. Meiner Familie gilt der größte Dank dafür, dass sie meine Arbeiten immer unterstützt hat. Meiner Tochter Katharina danke ich von Herzen für die wunderschönen Bilder, mit denen sie mein Buch künstlerisch bereichert hat.

Inhaltsverzeichnis

Über die Autorin

ullstein bild – Lengemann/WELT

Prof. Dr. jur. Hildegund Sünderhauf arbeitete nach dem Studium in Konstanz und einer Dissertation über Mediation als Rechtsanwältin für Familienrecht. 2000 wurde sie als Professorin für Familienrecht und Kinder- und Jugendhilferecht an die Evangelische Hochschule Nürnberg berufen. Seit über zehn Jahren beschäftigt Sie sich in Ihrer Forschung mit dem Thema Wechselmodell. 2013 erschien ihr Buch „Wechselmodell: Psychologie – Recht – Praxis" bei Springer VS, das seitdem als Standardwerk zum Thema gilt. Sie ist als Mitbegründerin des International Council on Shared Parenting international eine gefragte Referentin und Politikberaterin. Dabei tritt sie leidenschaftlich für Mediation als außergerichtliche Alternative zur Konfliktlösung zwischen Eltern ein.

1

Einleitung: Warum Wechselmodell/ Doppelresidenz/alternierende Obhut?

© Katharina Kravets

© Springer Fachmedien Wiesbaden GmbH, ein Teil von Springer Nature 2020
H. Sünderhauf, *Praxisratgeber Wechselmodell,*
https://doi.org/10.1007/978-3-658-27210-4_1

Sommers haben sich getrennt

Das sind Martin (34) und Anna (30) Sommer. Sie werden sie in einer schwierigen Lebensphase durch dieses Buch hindurch begleiten. Martin und Anna haben sich auseinandergelebt. Seit sich Martin dann auch noch in seine Kollegin verliebt hat, möchte er die Trennung. Martin und Anna sind die Eltern von Pauline (5) und Freddy (11). In der Familie lebt noch Oskar, der Hund. Eigentlich hatte Freddy ihn zum Geburtstag bekommen, aber jetzt kümmert sich Anna meistens um ihn. Martin und Anna sind traurig und ratlos, wie es weitergehen soll. Gerade hatten sie ihre neue Wohnung bezogen, Anna nach dem Studium endlich mit ihrem ersten Job begonnen, Martin hatte die Beförderung, die er sich erhofft hatte, bekommen – alles schien sich so gut zu entwickeln, jetzt stehen sie wie vor einem Abgrund. Bislang haben sich beide abwechselnd um die Kinder gekümmert: Pauline, die in den Kindergarten geht, soll nächsten Sommer eingeschult werden; Freddy hat letztes Jahr auf die Realschule gewechselt, er geht in die 5. Klasse. Sie sind glückliche Kinder und das soll auch so bleiben, da sind sich Martin und Anna einig. Aber wie können sie ihr künftiges Leben gestalten? Sie beginnen im Internet zu recherchieren und sich umzuhören, wie andere Eltern und Kinder eine Elterntrennung meistern …

1.1 Betreuungsmodelle

Grundsätzlich steht es Ihnen als Eltern frei, wie Sie die Betreuung ihrer Kinder regeln. Es gibt keine rechtlichen Vorgaben und Notwendigkeiten, solange nicht das Wohl Ihres Kindes gefährdet ist. Dass 14-tägiger Wochenendumgang üblich ist, hat sich über die Jahrzehnte entwickelt, damit jeder Elternteil auch am Wochenende Zeit mit seinem Kind verbringen kann – notwendig ist dies nicht. 14-tägiger Wochenendkontakt steht nicht im Gesetz, er ist weder natürlich, noch gottgegeben, noch hat er eine geheime innere Logik. Man *kann* das so machen, aber man *muss nicht*. Sie können als Eltern jedes Betreuungsmodell auswählen, ausprobieren, abändern, ein anderes wählen usw., so lange Sie sich darüber einig sind.

In Österreich muss zwar eine Meldeadresse bei einem Elternteil angegeben werden („Heim erster Ordnung"), aber über die praktische Zeit- und Aufgabenverteilung zwischen den Eltern besagt dies nichts. Auch in Deutschland kann das Kind nur bei einem Elternteil mit Hauptwohnsitz gemeldet werden, selbst bei hälftiger Betreuungszeitverteilung. Auch hier besagt die Meldeadresse aber nichts über die Betreuungsrealität. In der Schweiz ebenso wenig.

Man unterscheidet bei der Betreuungsregelung zwischen dem Residenzmodell und dem Wechselmodell (Definition und Beschreibung in Abschn. 2.1), darüber hinaus werden besondere Formen des Wechselmodells gelebt, wie das „Nestmodell", die „Familien-WG" und „Free Access" (vgl. Tab. 1.1):

Tab. 1.1 Betreuungsmodelle

Betreuungsmodell	Betreuung durch die Eltern (A und B)	Sorgerecht der Eltern (A und B)
Alleinsorge ohne Kontakt zum anderen Elternteil	Kinder leben bei A, keine oder nur sporadische Besuche bei B	A hat rechtliche Alleinsorge (oder A/B haben gemeinsame elterliche Sorge nur „auf dem Papier")
Residenzmodell	Kinder haben ihren Lebensmittelpunkt bei A und Besuchskontakte/ Ferienzeiten mit B	Gemeinsame elterliche Sorge bei A/B oder A hat Alleinsorge
Wechselmodell Doppelresidenz Alternierende Obhut	Kinder leben abwechselnd bei A und B und werden von beiden Eltern gleichberechtigt betreut und versorgt	In der Regel gemeinsame elterliche Sorge bei A/B (aber nicht Bedingung)
Nestmodell	Kinder leben konstant in einer Wohnung/Haus, ihre Eltern betreuen sie dort abwechselnd	In der Regel gemeinsame elterliche Sorge bei A/B (aber nicht Bedingung)
Free Access	Kinder entscheiden spontan selbst, ob sie sich bei A oder B aufhalten wollen	In der Regel gemeinsame elterliche Sorge bei A/B (aber nicht Bedingung)

Das **Residenzmodell** ist die tradierte Betreuungsform, in der Kinder bei einem Elternteil wohnen (dort haben sie ihre „Residenz") und den anderen Elternteil besuchsweise an den Wochenenden und/oder in den Ferien sehen. Auch wenn gar kein Kontakt zu einem Elternteil besteht, spricht man von einem Residenzmodell (ohne Besuchskontakte).

Wechselmodell nennt man die abwechselnde Kinderbetreuung durch getrenntlebende Eltern, wobei die Kinder im *paritätischen* Wechselmodell ungefähr gleich viel Zeit mit beiden Eltern verbringen. Sie sind bei beiden Eltern zuhause und nicht zu Besuch. Die Eltern agieren auf Augenhöhe und sind beide gleichermaßen pädagogisch, rechtlich und praktisch für die Betreuung des Kindes verantwortlich. In der sozialwissenschaftlichen Forschung wird von einem Wechselmodell auch schon gesprochen, wenn die Kinder ab ca. einem Drittel zu zwei Dritteln der Zeit bei jedem Elternteil leben.

Nestmodell nennt man eine Betreuungsform, bei der nicht die Kinder zwischen den Haushalten der Eltern wechseln, sondern die Eltern abwechselnd die Kinder in der Familienwohnung betreuen. In der Zeit, wo sie nicht betreuen, benötigen die Eltern eine andere Unterkunft für sich.

Ähnliche Betreuungsbedingungen können auch durch eine **Familien-WG** geboten werden, in der die Eltern wie Mitbewohner/innen einer Wohngemeinschaft mit den Kindern in einer Wohnung leben, sie abwechselnd betreuen, aber als Erwachsene ihre eigenen Wege gehen.

„Free Access" (freier Zugang) bezeichnet man eine Lebenssituation, in der die Kinder jederzeit selbst spontan entscheiden können, bei welchem Elternteil sie sich aufhalten. Bei älteren Kindern im Teenager-Alter entwickelt sich diese Konstellation mit wachsender Verselbstständigung der Jugendlichen häufig „wie von selbst" und ohne dass man die Betreuungsform ausdrücklich so bezeichnet.

1.2   Eine Bemerkung zur Sprache

Zur sprachlichen Vereinfachung wird im Folgenden von **getrennt lebenden Eltern** die Rede sein, unabhängig davon, ob Sie je verheiratet waren oder nicht, ob Sie geschieden sind oder nicht, ob Sie Mutter und Vater sind oder gleichgeschlechtliche Eltern. Der andere Elternteil wird als **Co-Elternteil** bezeichnet, weil dieser Ausdruck ihre Rolle am besten beschreibt: nicht Ex-Partner/in, nicht Prozessgegner/in, nicht verflossene Liebe, sondern der zweite Teil des „Elternteams". Natürlich kann es sein, dass Sie nur ein Kind haben und betreuen, gleichwohl wird von **Kindern** im Plural die Rede sein.

Für die gleichberechtigte Betreuung von Kindern in ungefähr gleichem zeitlichem Umfang gibt es viele Begriffe: International wird häufig von Shared Parenting gesprochen, in Deutschland nennt man es Wechselmodell oder geteilte Betreuung, in Österreich Doppelresidenz, in der Schweiz alternierende Obhut. Um Ihnen beim Lesen „Wechselmodell/Doppelresidenz/alternierende Obhut" zu ersparen, schreibe ich **Wechselmodell,** weil dies der in Deutschland in der Rechtsprechung und im politischen Diskurs gebräuchlichste Begriff ist. Dafür entschuldige ich mich vorab bei allen Schweizer/innen und Österreicher/innen.

1.3   Der Kampf um's Kind

„Wer den völligen Zusammenbruch menschlicher Zivilisation erleben will, muss nicht nach Mali oder in den Sudan fahren. Es reicht, einen Tag an einem deutschen Familiengericht zu verbringen" (Fleischhauer, in: *DER SPIEGEL* 2017). Wir wissen nicht, welche Erlebnisse den Autor zu diesem Satz verleitet

haben und wir kennen nicht die Lebensverhältnisse in Mali oder im Sudan. Aber dass nach Trennung und Scheidung vor den Familiengerichten (und außerhalb) ein oft unzivilisierter Kampf um's Kind ausgefochten wird, merkt jeder, der sich freiwillig (als Fachkraft) oder unfreiwillig (als Elternteil), als aktiv Handelnder (Rechtsanwalt/anwältin) oder als passiv Ausgelieferter (Kind) in dieses Kampfgebiet begibt bzw. begeben muss.

Die Fallzahlen an den Familiengerichten haben sich in Deutschland innerhalb von 10 Jahren ungefähr verdoppelt und die Zunahmen sind nicht nur quantitativ, sondern auch qualitativ: nie zuvor wurde so erbittert um die Zeit mit den Kindern gekämpft, wie heute. In Zeiten, in denen Paarbeziehungen oft nicht für immer halten, die Wahrscheinlichkeit, dass eine Ehe geschieden wird mindestens ebenso hoch ist, wie dass sie Bestand hat – in diesen unsicheren familiären Zeiten und Kontexten ist die Beziehung zu den Kindern oftmals die einzige, die lebenslange Stabilität verspricht. Wer die Kinder hat, hofft im Alter nicht allein zu sein. Wer die Kinder hat, ist außerdem der/die „Gute" (meint man), geht als Gewinner/in aus der gescheiterten Beziehung hervor. Kinder sollen ihre Eltern „glücklich machen" und wer die Kinder nicht hat, ist unglücklich, muss Unterhalt bezahlen und sich häufig auch noch rechtfertigen – zumindest bei Frauen liegt schnell der Verdacht nahe: „Mit der stimmt doch etwas nicht, sonst wären die Kinder nicht beim Vater".

Dass Kinder nach einer Trennung immer noch ganz überwiegend bei den Müttern aufwachsen, liegt an tradierten Rollenzuschreibungen, die aus Zeiten stammen, in denen die Hausfrauenehe der soziologische Standardfall war. Dieses Arrangement basiert also auf einem Gesellschaftsmodell des ausgehenden 19. Jahrhunderts. Aus ihm folgte konsequent das Leitbild unserer Rechtsordnungen für Nachtrennungsfamilien, das *Residenzmodell*: Die Mutter betreut die Kinder – der Vater bezahlt dafür Unterhalt (oder ausnahmsweise umgekehrt). Viele moderne Elternpaare, bei denen Mutter und Vater bis zur Trennung erwerbstätig waren und die sich die Familienarbeit geteilt haben, machen eine „Rolle rückwärts" in diese längst überholt geglaubten Elternrollen (man nennt das Retraditionalisierung). Teils werden Eltern in diese Rollen gezwungen, teils wählen sie diese Umkehr freiwillig. Häufig, weil es an alternativen Vorbildern fehlt oder am Wissen über andere Möglichkeiten. Seit vielen Jahren wird eine alternative Betreuungsform diskutiert: das *Wechselmodell*, auch *geteilte Betreuung* genannt, in Österreich spricht man von gleichberechtigte *(paritätischer) Doppelresidenz,* in der Schweiz von *alternierender Obhut.* Mit diesen sperrigen Begriffen wird versucht, das getrennte, aber abwechselnde und so doch irgendwie noch gemeinsame Erziehen von Kindern nach einer Trennung durch beide Eltern zu fassen. Im Wechselmodell gib es keine Alleinerziehenden mehr – sondern zwei „Getrennterziehende" (vgl. Abschn. 2.1).

Wenn Ihnen keine Einigung über die Ausübung der elterlichen Sorge und die Kinderbetreuung gelingt, kann der Kampf um's Kind zu Verletzungen und Schäden bei Eltern und Kindern führen, schlimmstenfalls zu Burn-out bei den Eltern oder zu einer Entfremdung zwischen Eltern und Kindern, bis hin zu völligem Kontaktverlust. Wer dies in jahrelangen Rechtsstreitigkeiten verhandelt, der wird hautnah erfahren, was der Journalist *Jan Fleischhauer* mit dem *„völligen Zusammenbruch der menschlichen Zivilisation"* vor den Familiengerichten gemeint haben könnte. Es lohnt also über Alternativen nachzudenken, die den Kampf um's Kind vermeiden.

1.4   Der Wechselmodell-Boom

Als ich vor zehn Jahren begann, mich wissenschaftlich mit dem Wechselmodell zu beschäftigen, war dies sowohl in Fachkreisen, als in meinem Bekanntenkreis weitgehend unbekannt. Es gab kaum Gerichtsurteile dazu und keine deutschsprachigen Fachpublikationen. Bei meiner Beschäftigung mit der psychologischen Forschung zu Shared Parenting stieß ich immerhin auf US-amerikanische Publikationen, die bis in die 70er Jahre zurückreichten. Deutschsprachige Forschungsstudien gab es bis dato nicht. Als ich 2013 meine Monografie zum Wechselmodell veröffentlichte, war diese ein absolutes Novum. Entsprechend groß war das fachliche und mediale Interesse (Sünderhauf 2013).

Innerhalb weniger Jahre hat das Thema Wechselmodell „Platz Eins" der Top Ten im Familienrecht erreicht. Gerichte beschäftigen sich mit der Anordnung des Wechselmodells und den rechtlichen Folgen, der Europarat hat eine Resolution verabschiedet, die das Wechselmodell als Leitbild fordert, es gab eine Kindschaftsrechtsreform in der Schweiz (2015), es gibt aktuelle Gesetzgebungsinitiativen in Deutschland und Österreich und der Österreichische Verfassungsgerichtshof (2015) sowie der Deutsche Bundesgerichtshof (2017) haben positive Grundsatzurteile zur gerichtlichen Anordnungsmöglichkeit des Wechselmodells gesprochen. Viele Fachtage und Fortbildungen der Professionen beschäftigen sich mit dem Wechselmodell und die Zeitungen und Fachjournale berichten regelmäßig darüber. Am wichtigsten ist aber, dass immer mehr getrennte Eltern und deren Kinder das Wechselmodell praktizieren. Nach einer repräsentativen Erhebung in Deutschland (2017) praktiziert rund jede fünfte getrenntlebende Familie ein Wechselmodell (Haumann 2019). Wenn man die Definition für

Wechselmodell so fasst, dass nicht nur halbe-halbe der Betreuungszeitverteilung gemeint ist, sondern dass auch schon eine Betreuung ab ca. 35 % zu 65 % ein Wechselmodell ist, wenn das Kind bei beiden Eltern Alltag erlebt (zur Definition vgl. Abschn. 2.2), dürfte die Verbreitung in Österreich und der Schweiz mindestens so groß sein.

Die **Gründe für die zunehmende Verbreitung** des Wechselmodells in der Praxis liegen auf der Hand: Väter nehmen ihre Elternrolle aktiver wahr als früher und möchten diese auch nach einer Trennung nicht aufgeben. Mütter sehen ihren Lebensinhalt nicht nur in der Familie, sondern sind berufstätig und in anderen Lebensbereichen engagiert. Gleichzeitig hat die Bedeutung der Kinder als „Glücks-Projekt" der Eltern stark zugenommen. Das mag für Kinder gut sein oder nicht – Fakt ist, dass viele Eltern unbedingt Kinder *haben* wollen, weil es ein Teil ihres Lebensentwurfes ist.

Wo die Berufstätigkeit von Müttern zunimmt und die Ganztagsbetreuung von Kindern immer selbstverständlicher wird, ist die „nur-Hausfrau" selten geworden und das Wechselmodell die konsequente, ja logische Fortführung der gelebten Elternschaft nach der Trennung, wie vor der Trennung. Ebenso war oder ist das Residenzmodell die konsequente Fortführung der Elternrollen nach der Trennung, wenn vorher die Mutter sich ganz überwiegend allein um Haushalt und Kinder gekümmert hat und der Vater ums Geldverdienen.

Als man in den 60er und 70er Jahren in Westeuropa die ersten großen Scheidungswellen erlebte, hatten die damaligen Eltern meist noch keine Scheidung ihrer Eltern erlebt. Es gab zwar durch die Kriege viele Halbwaisen und Stieffamilien, Scheidungen waren jedoch bis dahin noch eine Ausnahme und gesellschaftlich verpönt. Das Residenzmodell war rechtlich gewollt und schien alternativlos. Mütter wie Väter akzeptierten die ihnen zugedachten Rollen und Kinder mussten sich fügen. Heute haben sich trennende Eltern häufig selbst als Kind die Erfahrung gemacht, Kind getrennter Eltern zu sein und wollen es besser machen: Sie wollen ihrem Kind trotz der Trennung als Paar zumindest als „Elternteam" erhalten bleiben.

Erinnerung an eigene Familienerfahrungen

Machen Sie sich kurz Ihr eigenes Erleben von Familie als Kind bewusst: lebten Ihre Eltern zusammen? Waren sie glücklich dabei? Oder haben Sie die Trennung Ihrer Eltern erlebt? Wenn ja, was war daran schwierig für Sie? Was war eventuell positiv oder sogar erleichternd? Wie ist heute Ihr Verhältnis zu Ihren Eltern? Wir können das hier nicht vertiefen, aber Ihre eigenen Familienerfahrungen werden Ihr Denken, Fühlen und Handeln in der Trennung mit Kindern mit Sicherheit beeinflussen, wenn nicht sogar bestimmen.

1.5   Ziele des Buches

Auf Vorträgen oder in Interviews werde ich häufig gefragt, wie das Wechsel-modell praktisch funktionieren kann, welches die Voraussetzungen sind, unter welchen Bedingungen es nicht geht, welche Vor- und Nachteile das Wechselmodell für Eltern und Kinder mit sich bringt und ob es denn *wirk-lich* gut sei für Kinder, oder ob sie nicht besser doch *nur ein Zuhause* haben sollten. Diese Fragen möchte ich mit diesem Ratgeberbuch versuchen zu beantworten. Dabei wende ich mich an Eltern und andere Bezugspersonen von Trennungskindern, aber auch an Fachkräfte, die Familien beraten, begleiten und unterstützen auf dem häufig schwierigen Weg der Neu-organisation der „Familie nach der Familie" (Fthenakis 2008), in der den Kindern beide Eltern als Bezugspersonen im Alltag erhalten bleiben sollen.

Dabei stelle ich zunächst die Frage der Entscheidungsfindung (Kap. 2) in den Mittelpunkt: Wie wollen wir unser Kind betreuen, wenn wir als Paar nicht mehr zusammenleben? Neben vielen praktischen Tipps und Anregungen (Kap. 3) ist der Rechtslage in Deutschland, Österreich und der Schweiz ein Kapitel gewidmet (Kap. 4). Ich stelle den aktuellen Stand der psychologischen Forschung zum Wechselmodell dar (Kap. 5). Hier sollen auch Handlungskonzepte in Fällen von sogenannter Hochstrittigkeit dis-kutiert werden, denn bei sehr konfliktverstrickten Eltern stellt sich die Frage, ob diese für Betreuung im Wechselmodell ungeeignet sind, oder ob nicht – umgekehrt – gerade in diesen Konstellationen durch ein Wechselmodell eine Entschärfung der Konflikte erreicht werden kann. Abschließend wer-den Überlegungen zu einer Wechselmodellvereinbarung zwischen den Eltern angeboten sowie eine Mustervereinbarung, die Sie auf Ihre konkreten Wün-sche anpassen können (Kap. 6). Das Buch endet mit drei zentralen Empfeh-lungen, die ich Eltern in Trennungssituationen geben möchte (Kap. 7).

Meine Erkenntnisse basieren auf wissenschaftlichen Untersuchungen, soweit vorhanden, und meinen Erfahrungen aus der Beschäftigung mit die-sem Thema als Wissenschaftlerin über eine Dauer von zehn Jahren. Auch Erfahrungsberichte von Müttern und Vätern, die mich angeschrieben oder angesprochen haben, haben meine Sicht bereichert, denn viele Frage-stellungen werden gar nicht wissenschaftlich erforscht, und Theorie und Praxis gehen nicht selten weit auseinander. So möchte ich der stark ideo-logisierten Diskussion zwischen Wechselmodellgegner/innen und Wechsel-modellbefürworter/innen mit sachlichen Argumenten entgegentreten. Ich wäre glücklich, wenn mein Buch auch nur einem einzigen Kind zu einer leichteren, glücklicheren Kindheit verhelfen könnte.

1.6 Verbreitung des Wechselmodells

In **Deutschland** bleiben Eltern, die geschieden werden, meist bei der gemeinsamen elterlichen Sorge (96 % laut Statistischem Bundesamt). Auch für nicht verheiratete Paare, die gemeinsame elterliche Sorge haben, ändert sich durch ihre Trennung zunächst nichts am gemeinsamen Sorgerecht. Über die Betreuungsrealität sagt dies jedoch wenig aus. Nach den Ergebnissen einer Untersuchung „Getrennt gemeinsam Erziehen" des Instituts für Demoskopie Allensbach (2017) sind über Dreiviertel (77 %) der befragten Eltern überzeugt, dass Mutter und Vater auch nach Trennung und Scheidung *„am besten gemeinsam"* erziehen sollten (Haumann 2019). Über die Hälfte der Trennungseltern halten es sogar für eine *ideale Aufteilung,* wenn beide Eltern *etwa die Hälfte der Betreuung übernehmen* (51 %) – aber nur 22 % leben dieses Ideal als Wechselmodell. Von den Vätern, die im Residenzmodell weniger als die Hälfte der Betreuungszeit übernehmen, sind laut der Allensbachstudie über ein Drittel (35 %) mit dieser Situation unzufrieden, weil sie gerne mehr Betreuungszeit mit ihren Kindern hätten.

Auch in **Österreich** und der **Schweiz** wird die gemeinsame elterliche Sorge bzw. Obsorge nach Trennung und Scheidung inzwischen als Normalfall angesehen, auch dort ist diese sehr verbreitet. Weder für Österreich, noch für die Schweiz gibt es jedoch aussagekräftige Daten darüber, wie getrenntlebende Eltern ihre Kinder praktisch betreuen. Warum wird diesem wichtigen Thema so wenig Bedeutung beigemessen?

1.7 Rechtspolitische Entwicklung

Rechtsprechung zum Wechselmodell
Die Familiengerichte bzw. mit Familiensachen befassten Zivilgerichte in Deutschland, Österreich und der Schweiz gehen vom Residenzmodell als Normalfall aus, wobei der Lebensmittelpunkt der Kinder meist bei der Mutter liegt, gelegentlich beim Vater – eine paritätische Betreuung wird nach wie vor nur in Ausnahmefällen gerichtlich angeordnet. In Gerichten, wie auch in Beratungsstellen, hängt es von der persönlichen Überzeugung der professionellen Person, der man begegnet ab, ob er/sie „pro" oder „contra" Wechselmodell ist und häufig ist diese Überzeugung eher von eigenen Familienerfahrungen geprägt, als von wissenschaftlich fundierten fachlichen Erwägungen. Es darf aber in einem Rechtsstaat weder vom Zufall abhängen, wie Eltern beraten werden und wie Entscheidungsträger über Kinderbetreuung denken, noch dürfen individuelle Erlebnisse aus dem Privatleben

der Entscheidungspersonen den Ausschlag geben. Das verletzt die Grundrechte von Kindern und Eltern. Allerdings muss man konstatieren, dass sich in allen drei Ländern der zeitliche Umfang der Betreuung im Residenzmodell in den vergangenen Jahrzehnten stetig ausgeweitet hat. So weit, dass bei „verlängerten Wochenenden" (beginnend schon am Freitag, endend erst am Montag), plus Besuchen unter der Woche (z. B. jeden Mittwochnachmittag), plus der Hälfte der Ferientage häufig durch Kontaktanordnungen (bzw. Verkehrsrecht/Umgangsrecht) bereits der Umfang einer Mitbetreuung erreicht wird, der quantitativ einem Wechselmodell mit asymmetrischer Betreuungsumfangsregelung entspricht. Nicht verständlich ist, dass dieselben Gerichte häufig ohne triftigen Grund davor zurückschrecken, eine zeitlich und rechtlich gleichberechtigte Betreuung anzuordnen.

Resolution des Europarates zum Wechselmodell
2015 hat der Europarat eine Resolution (Nr. 2079) mit dem Titel *„Equality and shared parental responsibility – the role of fathers"* („Gleichberechtigung und geteilte elterliche Verantwortung – die Rolle der Väter") verabschiedet. Auch wenn der Titel vermuten lässt, das primäre Ziel der Resolution wäre es, einer möglichen Diskriminierung von Männern in ihrer Vaterrolle nach Trennung und Scheidung entgegen zu wirken, ist dies nicht der Fall, im Gegenteil: Im Report wird wiederholt und an exponierter Stelle betont, dass Kindesinteressen stets im Mittelpunkt aller Überlegungen stehen. Die Resolution enthält verschiedene Forderungen, von denen zwei unbedingt zusammengedacht werden müssen: Das Leitbild geteilter Betreuung im Wechselmodell und die Stärkung von Mediation.

Wechselmodell als Leitbild der Rechtsordnung
Die Resolution ruft alle Mitgliedsstaaten dazu auf, geteilte Betreuung als Leitbild („principle") in ihre nationalen Rechtsordnungen aufzunehmen. Das Wechselmodell, welches auch nach der Definition des Europarates ungefähr die gleiche Betreuungszeit (d. h. ungefähr gleiche Zeitanteile, gemessen an Tagen, Wochen oder Monaten) bei beiden Eltern vorsieht, funktioniert natürlich nicht in allen Familien. Das Betreuungsmodell setzt neben Erziehungsfähigkeit der Eltern auch deren Betreuungsbereitschaft voraus, sowie eine gewisse räumliche Nähe von beiden Elternhäusern (Sünderhauf 2013). Wechselmodellbetreuung kann deshalb nie eine Lösung für alle getrennt erziehenden Eltern sein – wohl aber ein Leitbild

für Berater/innen und Entscheider/innen. Dieses Leitbild bedeutet keine Einschränkung der Elternautonomie: alle Elternpaare könnten nach wie vor selbstverantwortlich regeln, wie sie ihre Kinder betreuen möchten. Nur im Streitfall, wenn es zu keiner einvernehmlichen Regelung kommt, müssten Professionen und Institutionen zunächst fragen, ob eine geteilte Betreuung möglich ist und nur wenn Gründe dagegen sprechen, eine andere Regelung suchen, in der aber die Kinder dennoch möglichst viel Zeit mit beiden Eltern verbringen. Nur ein familienrechtliches Leitbild von geteilter Betreuung wird der Grundannahme gleichberechtigter und gleichverpflichteter elterlicher Verantwortung gerecht. Wenn Betreuung im Wechselmodell das gesetzliche Leitbild wäre, der „Normalfall", würde dies zu veränderten Argumentationsmustern vor den Familiengerichten führen: Ein Elternteil, der im gerichtlichen Konfliktfall eine von geteilter Betreuung abweichende Regelung anstrebt, müsste dies argumentativ begründen. Das Residenzmodell wäre dann die (zu begründende) Ausnahme.

Stärkung der Mediation in kindschaftsrechtlichen Verfahren
Es gibt einen starken Zusammenhang zwischen dem Leitbild Wechselmodell und der Stärkung der Mediation (Sünderhauf 2019), denn so lange ein Elternteil (meist die Mutter) damit rechnen kann, vor Gericht die überwiegende Betreuung/Obhut zu erlangen, hat er/sie wenig Anreize dafür, in einer Mediation nach einer einvernehmlichen Lösung zu suchen, die in der Regel von beiden Seiten Kompromisse verlangt. Man nennt dies in der Mediationstheorie die „best alternatives on negotiated agreement" („Die besten Alternativen zu einer ausgehandelten Einigung"). Nur wo Mütter und Väter eine gleichberechtigte Ausgangssituation haben, kann Mediation erfolgreich sein.

> **Rechtsgrundlagen der Mediation in Deutschland, Österreich, Schweiz**
> **Deutschland** hatte durch das Mediationsgesetz, die Forderungen der Resolution des Europarates zu Shared Parenting schon 2012 teilweise umgesetzt: Nach § 36 a Abs. 1 Satz 1 FamFG kann das Familiengericht eine Mediation vorschlagen; eine obligatorische Informationssitzung ist in § 156 Absatz 1 Satz 3 FamFG vorgesehen. Trotzdem werden in Deutschland relativ wenig kindschaftsrechtliche Konflikte in der Mediation geregelt und wenn Mediationen durchgeführt werden, bleiben sie häufig erfolglos. Zur Mediator/innen-Ausbildung hat der Gesetzgeber 2017 Regelungen aufgestellt. Nun wird die Einführung obligatorischer Mediation in Kindschaftssachen diskutiert.

Für die **Schweiz** ist die Resolution ohnehin nicht von rechtsverbindlicher Bedeutung. Es gibt jedoch Kantone, in denen obligatorische Mediation angeordnet werden kann, in anderen nicht. Die Verbreitung von Mediation in Konflikten über elterliche Sorge und Kontaktrechte ist insgesamt noch nicht sehr groß, nimmt aber ständig zu.

In **Österreich** regelt das Zivilrechts-Mediations-Gesetz (2003) die Einrichtung eines Beirats für Mediation, die Listung von qualifizierten Mediator/innen u. ä. Seit 2013 hat gemäß § 95 1a Außerstreitgesetz (AußStrG) bei einer einvernehmlichen Scheidung verpflichtend eine Elternberatung stattzufinden. Ziel ist es, den Eltern die spezifischen aus der Scheidung resultierenden Bedürfnisse ihrer minderjährigen Kinder zu verdeutlichen. Nach § 107 Abs. 3 AußStrG hat das Gericht in Obsorge- und Kontaktrechtsverfahren zur Sicherung des Kindeswohls erforderliche Maßnahmen anzuordnen. Darunter kann neben einer Eltern- bzw. Erziehungsberatung auch ein Informationstermin zu Möglichkeiten der Mediation angeordnet werden. Allerdings kann auch hier keine Teilnahme am Mediationsprozess gerichtlich verfügt werden.

In Deutschland, Österreich und in der Schweiz gibt es starke gesellschaftliche Strömungen, die eine rechtliche Verankerung des Wechselmodells fordern. Es gibt jedoch auch beharrliche Kräfte, die dies verhindern möchten. Die Kontroversen werden häufig sehr ideologisch geführt. Dies ist verwunderlich, ist doch das Wechselmodell weder „links" noch „rechts", geteilte Betreuung kein „Frauen-gegen-Männer-Thema" und schreiben sich doch alle auf die Fahnen, dass ihnen das Wohl des Kindes am wichtigsten ist. Wenn man die vergangenen zehn Jahre betrachtet, hat sich jedoch rechtspolitisch schon viel bewegt.

Zum Glück haben Sie keine politischen Entscheidungen zu vertreten, sondern „nur" eine familiäre Entwicklungsaufgabe vor sich, die zwar nicht unlösbar ist, aber auch nicht ganz einfach. Das nächste Kapitel soll Ihnen dabei Unterstützung bieten, eine für Sie, ihre/n Co-Partner/in und vor allem für ihre Kinder gute (nach Möglichkeit sogar die beste) Regelung zu finden. Ich spreche bewusst nicht von Lösung, sondern von Regelung, denn die vielen emotionalen, rechtlichen, wirtschaftlichen Probleme einer Trennung kann kein Betreuungsmodell lösen – aber es kann vielleicht dabei helfen Regelungen zu finden, die es allen Beteiligten einfacher machen, mit ihren Problemen zu leben – oder diese Probleme mit der Zeit tatsächlich zu überwinden.

Sommers haben viele Fragen und einige Antworten

Martin und Anna haben sich im Internet und in Büchern eingelesen und bei einer Erziehungsberatungsstelle informiert. Sie wissen nun, dass es verschiedene Möglichkeiten gibt, wie sie die Betreuung für Pauline und Freddy künftig regeln können. Martin hat keine Angst mehr, in Zukunft nur noch der „Zahlvater" zu sein und von Paulinchens und Freddys Entwicklung ausgeschlossen zu werden. Anna befürchtet nicht mehr, als alleinerziehende Mutter überfordert zu sein. Beide wissen, dass es ihre freie Entscheidung ist, wie es mit ihrer Familie weitergeht und dass es keine gesetzlichen Vorgaben gibt, die sie dabei einengen. Sie haben auch verstanden, dass sie Dinge ausprobieren können und ggf. ändern, wenn sie nicht passen oder wenn sich in ihrem Leben etwas Grundlegendes verändert. Jetzt müssen sie eine Entscheidung treffen. Das ist zwar nicht leicht, aber sie sind zuversichtlich, weil sie mit diesen Fragen nicht allein sind und sich Hilfe holen können. Sie haben einen ersten Termin bei einer Mediatorin vereinbart, um dort Unterstützung zu bekommen und eine Regelung zu finden, mit der beide Eltern gut leben können und – das ist ihnen am wichtigsten – mit der es den Kindern möglichst gut geht.

Literatur

Europarat. (2015). *Equality and shared parental responsibility – The role of fathers* (Resolution Nr. 2079). http://assembly.coe.int/nw/xml/xref/xref-xml2html-en. asp?fileid=22220&lang=en.

Fleischhauer, J. (30. September 2017). Der Höllenritt. *DER SPIEGEL,* Nr. 40, S. 53.

Fthenakis, W. (2008). *Die Familie nach der Familie: Wissen und Hilfen bei Elterntrennung und neuen Beziehungen.* München: Beck.

Haumann, W. (2019). Gemeinsam erziehen nach der Trennung. In *Sozialmagazin, Themenheft „Elterliche Trennungen"* (Nr. 5–6, S. 20–24).

Sünderhauf, H. (2013). *Wechselmodell: Psychologie – Recht – Praxis.* Wiesbaden: Springer VS.

Sünderhauf, H. (2019). Wechselmodell und (obligatorische) Mediation. In *Sozialmagazin, Themenheft „Elterliche Trennungen"* (Nr. 5–6, S. 58–64).

2

Entscheidungsfindung: Passt das Wechselmodell für unsere Familie?

© Katharina Kravets

© Springer Fachmedien Wiesbaden GmbH, ein Teil von Springer Nature 2020
H. Sünderhauf, *Praxisratgeber Wechselmodell*,
https://doi.org/10.1007/978-3-658-27210-4_2

2.1   Betreuungsmodelle und ihre Konzepte

Sie kennen sicher alleinerziehende Mütter (viele) und alleinerziehende Väter (wenige). Häufig erziehen diese jedoch gar nicht ganz allein, denn der Co-Elternteil betreut und erzieht mit – wenn auch weniger. In den vergangenen Jahren hat sich daher ein neuer, passenderer Begriff etabliert: *Getrennterziehende.*

Alleinerziehen – Getrennterziehen

Alleinerziehende sind Eltern, die ein Kind ganz *allein* betreuen und erziehen, weil der andere Elternteil unbekannt oder verstorben ist oder aus rechtlichen oder tatsächlichen Gründen dem Kind oder dem erziehenden Elternteil, freiwillig oder unfreiwillig, dauerhaft fernbleibt. Alleinerziehende Eltern haben häufig Geldsorgen und Zeitmangel. Sie benötigen deshalb häufig wirtschaftliche Unterstützung und alleinerziehend zu sein ist ein sog. Armutsrisiko im reichen Westeuropa. Alleinerziehende benötigen außerdem Betreuungsentlastung, denn Alleinerziehende sind häufig überlastet und infolgedessen auch häufiger krank (Max-Planck-Institut Rostock 2016; Hancioglu 2014). **Getrennterziehende** sind Eltern, die als Paar nicht zusammenleben, aber jeweils beide Betreuungszeitanteile und damit Erziehungszeit haben. Sie erziehen ihre Kinder entweder im Residenzmodell oder im Wechselmodell.

Residenzmodell

Im herkömmlichen Betreuungsmodell mit 14-tägigen Besuchskontakten am Wochenende und einigen Wochen gemeinsamer Ferienzeit betreut ein Elternteil überwiegend, nämlich ca. 75–80 % im Jahr. Man spricht vom *überwiegend betreuenden Elternteil* oder **Residenzelternteil.** Dieser kann in Alltagsentscheidungen das Kind betreffend, allein entscheiden. Der weniger betreuende Elternteil, auch **Besuchselternteil** genannt, betreut (bei 14-tägigen Wochenenden und der Hälfte der Schulferien) ca. 20–25 % im Jahr. Er hat nur bei *wesentlichen Entscheidungen* das Kind betreffend mit zu entscheiden (siehe Abschn. 4.6).

Residenzmodell mit erweitertem Umgang

Beim Residenzmodell mit sog. **erweitertem Umgang/Besuchsrecht/ Kontaktzeiten** kommt der weniger betreuende Elternteil bei verlängerten Wochenendkontakten (beginnend am Freitag, endend am Montag), zusätzlichen Betreuungsstunden oder -tagen unter der Woche und hälftiger Ferienbetreuung auf ca. 30 % oder ein Drittel der Zeit des Jahres.

Tab. 2.1   Betreuungsmodelle und Zeitquoten

Betreuungsmodell	Beispiel für die Kontakt-Regelung	Zeitquote in %
1. Residenzmodell mit normalem Kontakt	Jedes 2. Wochenende 2 Tage (Fr. - bis So.) und die Hälfte der Schulferien	23 : 77
2. Residenzmodell mit erweitertem Kontakt	Jedes 2. Wochenende 2,5 Tage, + ½ Tag pro Woche u. die Hälfte der Ferien	31 : 69
3. Wechselmodell mit 7:21 Tage-Turnus	1 Woche bei A, 3 Wochen bei B und die Hälfte der Schulferien	31 : 69
4. Wechselmodell mit 7:14 Tage-Turnus	1 Woche bei A, 2 Wochen bei B und die Hälfte der Schulferien	37 : 63
5. Wechselmodell mit 3:4 Tage-Turnus	3 Tage bei A, 4 Tage bei B und die Hälfte der Schulferien	44 : 56
6. Wechselmodell mit 2:2:3 Tage-Turnus	Mo. u. Di./Mi.u. Do./Fr. bis So. und die Hälfte der Schulferien im Wechsel	50 : 50
7. Wechselmodell mit 7-oder 14-Tage-Turnus	Mo.-So. im wöchentl. oder 14-tägigem Wechsel und die Hälfte der Schulferien	50 : 50

Trotzdem gibt es hier einen „überwiegend betreuenden Elternteil", der die hauptsächliche Verantwortung für die Erziehung des Kindes allein trägt und die überwiegende Alltagsverantwortlichkeit hat.

Wechselmodell
Das Wechselmodell – sowie auch das *Nestmodell* – setzt voraus, dass Kinder mit beiden Eltern Alltag und Freizeit verbringen und dass beide Eltern sich die Erziehungsverantwortung gleichberechtigt teilen. Beide Eltern sind verantwortlich für alle wichtigen die Kinder betreffenden Entscheidungen und müssen versuchen, sich zu einigen (mit Ausnahme der aktuellen Betreuungsfragen, die jeder Elternteil für sich beantwortet). Ab ca. einem Drittel der Tage/Nächte pro Jahr wird von einem asymmetrischen Wechselmodell gesprochen. Im *paritätischen* **Wechselmodell** ist die Betreuung ungefähr halbe-halbe zwischen Mutter und Vater aufgeteilt.

Im Wechselmodell gibt es keine alleinerziehenden Elternteile. Je mehr sich die Eltern die Erziehungsaufgaben zeitlich und inhaltlich teilen, desto weniger kann man noch von einem alleinerziehenden Elternteil und einem Besuchselternteil sprechen.

Abbildung (Tab 2.1) zeigt die verschiedenen Betreuungsmodelle, mögliche Kontaktregelungen und wie viel Prozent der Betreuungszeit diese bei jedem Elternteil zur Folge haben. Dabei wird jeweils davon ausgegangen, dass Kinder die Hälfte der (Schul)ferien bei jedem Elternteil verbringen.

Der rote Kreis markiert den Übergang zwischen einem „Residenzmodell mit erweitertem Umgang" und einem „Wechselmodell mit asymmetrischer Zeitverteilung". Die Zeitquoten sind ungefähr gleich, bei ca. 31 % zu 69 % (vgl. roter Kreis in Tab. 2.1).

Der Unterschied zwischen Modell 2 (Residenzmodell mit erweitertem Umgangskontakt) und Modell 3 (Wechselmodell mit einer Woche zu drei Wochen Betreuungszeitverteilung) ergibt sich also nicht aus der Zeitquote (vgl. roter Kreis in Tab. 2.1), sondern aus den weiteren Besonderheiten des Wechselmodells, die im folgenden Kapitel erläutert werden.

2.2 Besonderheiten des Wechselmodells

Wer das Wechselmodell auf die geteilte Betreuungszeit bei den Eltern verkürzt, hat es nicht verstanden. Zur Definition des Wechselmodells gehört nicht nur eine zeitliche Komponente, sondern auch das Selbstverständnis, dass Kinder bei beiden Eltern zuhause sind und dass die Eltern gleichberechtigt elterliche Verantwortung tragen (siehe Abb. 2.1).

Betreuungszeit im Wechselmodell
Wenn Eltern sich die Betreuung (ungefähr) halbe-halbe teilen, ist das ein Wechselmodell, aber halbe-halbe muss nicht sein. Gleichmäßige Zeitaufteilung erscheint vielen Eltern und Kindern als sehr „gerecht". Die paritätische Zeitverteilung ist jedoch nur ein *Ideal.* Es gibt ***untypische***

Abb. 2.1   Drei Aspekte des Wechselmodells

Familiensituationen, die nach Betreuungszeiten verlangen, die vom Halbe-Halbe-Indeal abweichen. Hierfür können verschiedene Gründe sprechen:

Beispiele für Gründe, vom „Halbe-Halbe-Indeal" abzuweichen

- Wunsch des Kindes, mit einem Elternteil mehr Zeit zu verbringen
- Praktische Gründe, wie z. B. die Wohnortnähe zu Freizeitaktivitäten
- Fahrtmöglichkeiten
- Erkrankung eines Familienmitglieds
- Berufliche Situation oder periodische Belastungen eines Elternteils
- Besondere Erfordernisse in der kindlichen Betreuung, Schule oder Ausbildung etc.

Die alters- und entwicklungsbedingten Bedürfnisse eines Kindes ändern sich, die Einschulung ist eine spürbare Zäsur mit emotionalen Folgen, eine neue Partnerschaft oder Wiederheirat eines Elternteils sowie die Geburt eines Geschwisterkindes können auch für das Betreuungsmodell Konsequenzen haben und ein Jobwechsel bei einem Elternteil, ein Umzug oder auftretende Schwierigkeiten beim Kind können Änderungen erforderlich machen. Dies ist übrigens ein wichtiges Argument für eine einvernehmliche Regelung und gegen eine gerichtliche Regelung, denn vor Gericht wird ein fixer Plan festgelegt, der keinen Raum für Veränderungen vorsieht – Ihre Vereinbarung hingegen können Sie Ihrer Lebenssituation anpassen.

Besondere Familien brauchen besondere Betreuungslösungen. Fixe Zeitvorgaben beachten individuelle Faktoren nicht ausreichend. Untypische Familien verlangen nach speziell auf sie zugeschnittenen Betreuungszeiten. „Untypisch" kann dabei zum Beispiel Ihr Beruf sein oder eine Erkrankung. Wenn aus diesen Gründen Abweichungen von „typischen" Betreuungszeiten erforderlich sind, spricht nichts dagegen, trotzdem (oder gerade deswegen!) ein Wechselmodell zu praktizieren.

Beispiele für untypische Betreuungsregelungen aus gesundheitlichen Gründen

John und Betty leiden beide an einer schubweise auftretenden psychischen Erkrankung. Je nach Gesundheitszustand der Eltern wird ihre Tochter Francis (8 Jahre alt) von Betty oder John oder ihrer Tante betreut. So kann verhindert werden, dass Francis in einer Pflegefamilie oder in einem Heim leben muss.

Alicia kann aufgrund ihrer Erkrankung an Multipler Sklerose ihren Sohn José (10 Jahre alt) nicht mehr vollständig versorgen. José ist regelmäßig tagsüber nach der Schule bei seiner Mutter und schläft nur gelegentlich eine Nacht am Wochenende bei Alicia. In der übrigen Zeit versorgt ihn sei Vater Paolo.

Auch die Notwendigkeit flexibler Betreuungszeiten aus beruflichen Gründen kann individuelle Arrangements erforderlich machen:

Beispiele für untypische Betreuungsregelungen aus beruflichen Gründen

Peter arbeitet über Nacht bei einer Sicherheits-Firma. Um dennoch am Leben seiner Tochter Jamie teilzuhaben, holt er sie jeden Tag von der Schule ab und betreut sie, bis er abends zur Arbeit fährt und Jamie zu ihrer Mutter, Angelina, zum Schlafen geht. Obwohl Übernachtungen beim Vater nicht regelmäßig vorgesehen sind, sieht Peter Jamie doch täglich und hat großen Anteil an ihrem Leben. Obwohl Jamie außer in den Ferien kaum bei Peter übernachtet, kann sinnvollerweise von einem Wechselmodell gesprochen werden, denn Jamie verbringt ungefähr gleich viel Zeit mit beiden Eltern.

Giovanni ist Winzer. Im Sommer und in den Erntemonaten arbeitet er bis zu 18 h täglich. Deswegen betreut er Mario und Maria nur in den Wintermonaten, während seine Ex-Frau Nina in den Sommermonaten alleine zuständig ist. Hier ist der Wechselturnus ungewöhnlich lang, trotzdem verbringen Mario und Maria über einen längeren Zeitraum betrachtet, gleich viel Zeit mit Giovanni und Nina.

Greta, die als Pilotin arbeitet, ist immer 3 Wochen am Stück unterwegs. In dieser Zeit lebt Madita bei ihrem Vater Ole. Greta skypt täglich mit Madita und schickt ihr regelmäßig Nachrichten. Nach 3 Wochen Flugeinsatz folgen 10 Tage Freizeit, in denen Greta Madita 10 Tage am Stück betreut. Hier liegt ein asymmetrisches Wechselmodell vor, obwohl der mütterliche Betreuungsanteil knapp unter 30 % liegt, aber Madita verbringt Freizeit und Alltag mit beiden Eltern, die sich außerdem die Ferien teilen.

Bei jedem Betreuungsplan lautet mein wichtigster Ratschlag: seien Sie großzügig! Großzügig mit den Wünschen, Bedürfnissen und Vorstellungen Ihrer Kinder und des Co-Elternteils und auch mit sich selbst.

Stundenzählen belastet Eltern und Kinder. Es gibt Kinder, die peinlich genau darauf achten, dass sie ihre Zeit „gerecht" zwischen den Eltern verteilen. Das belastet die Kinder unnötig, beschränkt Spontanität und Flexibilität. Viel wichtiger, als auf die „gerechte" Zeitverteilung zu achten, kommt es auf die Beziehung und die Qualität der Kontakte zwischen Eltern und Kindern an. Eine buchhalterisch kleinliche Herangehensweise widerspricht menschlichen Lebensbedürfnissen und den Wünschen von Kindern und Eltern. Was ist mit einzelnen Stunden, die ein Kind zwischendurch beim anderen Elternteil „eben mal reinschaut"? Wird ein „Stundenkonto" geführt? Führt die Betreuung im Wechselmodell zum „Kind mit der Stechuhr"? Hoffentlich nicht!

Stunden sind nicht gleich Stunden. Nicht alle Stunden, die Kinder bei einem Elternteil verbringen, sind gleich. In manchen Stunden schlafen sie, sind mit Gleichaltrigen unterwegs, vielleicht sind die Kinder allein zuhause und in anderen Stunden beschäftigen sie sich intensiv mit den Eltern.

Kann man also sagen: „Bei mehr Betreuungszeit*qualität* sinkt die Anforderung an die Betreuungszeit*quantität*?" Oder umgekehrt? In einer wissenschaftlichen Analyse zu den Folgen des Kontaktes mit dem Besuchselternteil für Kinder wurde herausgefunden, dass es nicht nur auf die Quantität, also die Menge der gemeinsamen Zeit ankommt, sondern auch auf die *Qualität* (Amato und Gilbreth 1999). Es macht aber keinen Sinn, eine Stunde gemeinsame Schulaufgabenbetreuung gegen drei Stunden, die die Kinder allein vor dem Fernseher sitzen, aufrechnen. Wo führt das hin?

Nächte statt Stunden/Tagen planen. In Australien, wo die Betreuung im Wechselmodell 2006 als familienrechtliches Leitbild eingeführt wurde, werden nicht die Tage oder gar die Stunden gezahlt, sondern die *Nächte,* die ein Kind bei seinen Eltern schläft. Ab 35 % der Nächte pro Jahr wird dort ein Wechselmodell angenommen. Auch in Großbritannien wird die Anzahl der Übernachtungen als maßgeblich erachtet, ein Wechselmodell wird ab 5 Nächten in 2 Wochen angenommen. Diese Sichtweise erscheint sinnvoll, weil Stundenzählen vermieden wird. Außerdem werden Tage manchmal zwischen Vater und Mutter (und Schule, Kindergarten, Großeltern etc.) geteilt, Nächte hingegen teilen Kinder nicht auf. Daher ist dieser Betrachtungweise der Vorrang zu geben.

Familienleben erfordert Flexibilität. Das Feilschen um Betreuungszeitanteile zwischen den Eltern wird dem Umstand nicht gerecht, dass je nach Alter der Kinder und der bestehenden Bindungssituation, unterschiedlich viel Zeit erforderlich ist, um allen Beteiligten – vor allem den Kindern – gerecht zu werden.

Auch eine *asymmetrische* **Aufteilung der Zeitanteile** kann (eventuell vorübergehend) ein gutes Wechselmodell darstellen. Die Zeitspannen, in denen Ihr Kind sich länger oder kürzer bei dem einen oder anderen Elternteil aufhält, werden im Laufe der kindlichen Entwicklung ohnehin schwanken.

Praxis-Tipps für den Umgang mit Betreuungszeitanteilen

- **Vermeiden Sie Stundenzählen:** Wenn Sie anfangen, Stunden oder Tage aufzuschreiben, insbesondere mit dem Gedanken spielen, eine Excel-Tabelle anzulegen, sind Sie auf dem falschen Weg!
- **Üben Sie wechselseitig Großzügigkeit:** Seien Sie großzügig bei der Zeitaufteilung mit sich selbst, mit dem Co-Elternteil und Ihren Kindern. Milde wird allen das Leben erleichtern.
- **Trennen Sie Zeit und Geld:** Stellen Sie möglichst keine Verbindung zwischen Betreuungszeit und Unterhaltsleistungen oder anderen finanziellen Folgen her – das ist häufig das Einfallstor für pingeliges Feilschen um Zeitanteile mit den Kindern.
- **Blicken Sie auf ein Jahr:** Es entspannt, die Zeitaufteilung aufs Jahr hin zu betrachten, nicht auf Monate, Wochen oder gar Tage und Stunden.

Elterliche Verantwortung im Wechselmodell
Das zweite zentrale Kriterium des Wechselmodells ist, dass beide Eltern trotz ihrer Trennung in der Verantwortung für ihre Kinder bleiben. Zur elterlichen Verantwortung gehören, neben der grundsätzlichen Haltung der Co-Eltern, die rechtliche, pädagogische und praktische Verantwortung.

Eine Frage der Haltung
Elterliche Verantwortung wird im Wechselmodell nicht in erster Linie als rechtliche Kategorie verstanden, sondern als eine Frage der Haltung zum Kind und des Selbstverständnisses als Elternteil. *„Auf Augenhöhe Eltern bleiben"* nennt es der österreichische Doppelresidenzautor *Anton Pototschnig* (2012) im Titel seines Buches. Dazu gehört, dass Sie den Co-Elternteil möglichst als ebenso wertvoll und wichtig für Ihre Kinder begreifen, wie sich selbst und dass beide Co-Eltern bereit sind, dem anderen nicht seine elterlichen Kompetenzen abzusprechen oder einzuschränken. Um diese Haltung einnehmen zu können bedarf es eines gewissen Grundvertrauens in den Co-Elternteil. Wenn Ihr Vertrauen durch Verletzungen auf der Paarebene Schaden genommen hat, sollten Sie sich darum bemühen, es wenigstens in Bezug auf Ihre Kinder wiederherzustellen. Vielleicht genügt es hierfür sich bewusst zu machen, dass der andere zwar „mir als Partner/in" Unrecht getan hat, aber nicht den Kindern. Dass er vielleicht ein schlechter Mann für mich war oder sie eine schlechte Frau, dass er aber dennoch ein guter Vater ist und sie eine gute Mutter. Wenn Sie diese Haltung nicht einnehmen oder entwickeln können, ist an diesem Punkt tiefgreifendere therapeutische Analyse und Behandlung angeraten.

Was bedeutet rechtliche Verantwortung?
Elterliche Verantwortung ist auch ein *rechtlicher* Begriff. Die **gemeinsame rechtliche elterliche Sorge/Obsorge** hat mit Entscheidungsautorität zu tun, nicht aber mit physischer abwechselnder Betreuung. Gemeinsames Sorgerecht ist auch in der Mehrzahl der Residenzmodellfamilien gegeben. Das deutsche, das österreichische und das schweizerische Familienrecht gehen als Regelfall davon aus, dass auch nach Trennung und Scheidung die gemeinsame rechtliche elterliche Sorge/Obsorge weiterhin bestehen.

Pädagogische Verantwortung im Residenz- und Wechselmodell
Pädagogische Verantwortung von Eltern umfasst viel mehr, als Entscheidungen zu treffen. Pädagogische Verantwortung bedeutet **Erziehungsverantwortung** zu tragen, umfasst Rechte und Pflichten, manifestiert sich im Alltag und zeigt sich u. a. im Notfall. Pädagogische Verantwortung ist

die Voraussetzung, um rechtliche Verantwortung überhaupt übernehmen zu können. Denn wie wollen Sie oder der Co-Elternteil über wichtige Belange Ihrer Kinder entscheiden, wenn Sie diese nur selten sehen und auch nur in Freizeitsituationen? Elterliche Verantwortung zeigt sich nicht nur im Alltag, sondern umgekehrt *befähigt* der gemeinsam erlebte Alltag erst zu verantwortungsvoller Elternschaft: *„Alltagserleben befähigt erst zu Wahrnehmung elterlicher Verantwortung,"* mit diesem Tenor schließt eine Befragung von über 200 Wechselmodelleltern in Kanada ab (Irving et al. 1984).

Beispiel für den Zusammenhang von pädagogischer Verantwortung und Alltag mit dem Kind

Steward und Rebecca machen mit Luis seine Hausaufgaben. Steward spricht mit den Lehrerinnen und Lehrern, er berichtet Rebecca davon. Beide kennen Luis Probleme mit der Mathelehrerin, beide erfahren, wie schwer ihm die sprachlichen Herausforderungen fallen. Mutter und Vater haben seine Tränen getrocknet, weil er am Montagfrüh „Bauchweh" hatte und nicht in die Schule wollte. Beide können daher kindeswohlbezogen verantwortlich mitentscheiden, auf welche weiterführende Schule Luis später gehen wird.

Erziehungsverantwortung ist pädagogische Verantwortung, die u. a. Ausdruck findet durch das Setzen von Grenzen, Konflikte miteinander ausstehen, Werte vermitteln, Kindern bei ihren Problemen beistehen, sie beaufsichtigen und altersgemäß überwachen, ihre Ressourcen fördern und sie an Ihren eigenen Ressourcen teilhaben lassen und – nicht zuletzt – auch ganz viel praktische (Haus)Arbeit. Erziehungsverantwortung können sich getrenntlebende Eltern eher im Wechselmodell teilen, als im Residenzmodell. Nur wenn Sie als Eltern beide gleichberechtigt Erziehungsverantwortung übernehmen, werden Ihre Kinder Sie als gleichberechtigte Eltern respektieren und von Ihnen beiden erzieherische Vorgaben und Anweisungen gleichermassen annehmen und akzeptieren.

Im Residenzmodell liegt die überwiegende pädagogische und praktische Verantwortung beim Residenzelternteil (und damit meist bei den Müttern). Der Residenzelternteil hat aber nicht nur mehr Verantwortung und Arbeit, sondern auch mehr Einfluss, um über die wesentlichen Dinge im Leben des Kindes zu bestimmen. In den meisten Aspekten sind die Residenzelternteile „näher am Kind" und an dessen Alltag. Dadurch entsteht eine Hierarchie zwischen den Eltern, die einer gleichberechtigten oder gleichbedeutsamen Rolle im Leben der Kinder entgegensteht und die Rollenvorbilder manifestiert, wonach Kinderbetreuung in erster Linie Aufgabe der Mutter ist.

Dies kann zu einer schleichenden Schwächung der Elternrolle des Vaters und langfristig sogar zu einer Entfremdung des Kindes vom Nichtresidenzelternteil führen.

Praktische Pflichten sollten sich beide Eltern im Wechselmodell möglichst teilen. Das bedeutet, dass sie sich an der Betreuung und Versorgung der Kinder gleichberechtigt und gleichverpflichtet beteiligen und das macht dieses Betreuungsmodell „gerecht". Es gehört zu den Stärken des Wechselmodells, dass Kinder ihre Eltern, Frauen und Männer, Mutter *und* Vater, als gleichberechtigt und gleich kompetent erleben können, was eine positive Vorbildfunktion haben kann. Anders im Rollenverständnis des Residenzmodells, das häufig noch immer darauf hinausläuft, dass die Frau sich um die Kinder kümmert und der Mann das Geld verdient.

Gemeinsamer Alltag ist gelebte Elternverantwortung. Sie zeigt sich täglich, bei der Hilfe mit den Hausaufgaben, der Versorgung mit sauberer Wäsche, der Zubereitung von Mahlzeiten, bei der *zeitnahen* Besprechung dessen, was die Kinder bewegt. Was kann ein Kindergarten- oder Vorschulkind schon antworten, wenn der Vater es nach 14 Tagen fragt: „Was hast Du in den letzten zwei Wochen erlebt?" oder „Wie geht es Dir?" Nichts oder nicht viel. Gemeinsamer Alltag heißt aber auch umgekehrt für die Kinder Ihren Alltag als Elternteil zu teilen, Ihnen bei Ihren Aufgaben zu helfen und an Ihrem Leben altersentsprechend teilzuhaben.

Verantwortung im Notfall ist auch Ausdruck elterlicher Verantwortung. Ein Kind bekommt am Wochenende bei seinem Vater nachts plötzlich hohes Fieber. Wird nun die Mutter angerufen, mit der Bitte das Kind abzuholen? Oder wird es beim Vater versorgt und kann seine Krankheit dort auskurieren? Wer sagt am Montag seine Termine ab und geht mit dem Kind zum Arzt/zur Ärztin? Im Residenzmodell würde das Kind vermutlich zur Mutter (bzw. zum Residenzelternteil) gebracht und diese kümmerte sich weiter um dessen Versorgung. Im Wechselmodell darf man davon ausgehen, dass das Kind beim Vater bleiben kann, bis es wieder gesund ist.

Beteiligung Dritter an der Erziehungsverantwortung
Dass Eltern sich im Wechselmodell die Verantwortung teilen, schließt nicht aus, Dritte an der Betreuung und Erziehung zu beteiligen, etwa Großeltern, neue Lebenspartner/innen oder Erzieher/innen im Falle professioneller Tagesbetreuung. Sowohl im Residenz- als auch im Wechselmodell spielen

Dritte eine Rolle – ebenso wie in zusammenlebenden Familien. So sind auch Wechselmodellkonstellationen denkbar, in denen die Kinder regelmäßig einen Teil ihrer Zeit bei Dritten verbringen, z. B. den Großeltern.

Zuhausesein im Wechselmodell

Einer der Hauptvorteile des Wechselmodells ist, dass die Kinder **zwei Zuhause** haben, sie sind bei Mama zuhause und bei Papa zuhause, sie sind bei keinem Elternteil nur zu Besuch. Im paritätischen Wechselmodell ergibt sich das Zuhausesein bei beiden Eltern quasi von allein, durch die gemeinsame Zeit beim jeweiligen Elternteil. Im Wechselmodell mit ungleicher Zeitverteilung ist das nicht ganz so selbstverständlich und es lohnt sich etwas genauer hinzusehen – gerade auch in Hinblick auf die Abgrenzung zu einem Residenzmodell mit ausgedehntem Umgang. Neben dem quantitativen, in Stunden und Tagen messbaren Zeitanteil der Eltern an der Betreuung kommt es im Wechselmodell auch auf die Qualität der gemeinsam verbrachten Zeit mit den Eltern an. Denn natürlich können Kinder bei einem Elternteil sehr viel Zeit verbringen, ohne sich dort zuhause zu fühlen. Zum Zuhausesein gehört also mehr, als „lange dort sein" – Sie wohnen ja schließlich auch nicht in Ihrem Büro. Verdeutlichen Sie sich, wie viele Stunden Ihre Kinder in der Tagesbetreuung oder in der Schule sind – trotzdem kämen Sie nicht auf die Idee, Ihre Kinder seien im Kindergarten oder in der Schule zuhause. Eine soziologische Studie aus Groß Britannien hat übrigens ergeben, dass „zuhause sein bei beiden Eltern" einer von drei maßgeblichen Faktoren ist, die darüber entscheiden, ob Kinder mit dem Wechselmodell zufrieden sind und sich gut entwickeln (Smart 2004). Die anderen beiden Faktoren sind: Orientierung des Betreuungsplans an den Bedürfnissen der Kinder und flexibler Umgang mit dem Betreuungsplan.

> **Erinnerung an das Zuhause Ihrer Kindheit**
>
> Überlegen Sie eine Weile für sich selbst: Wo und bei wem haben Sie sich als Kind „zuhause" gefühlt und woran können sie das heute festmachen? Was waren die Ursachen und Gründe für dieses Gefühl des Zuhause Seins? Oder woran lag es, dass Sie sich nicht zuhause fühlten?

Ob sich Kinder zuhause fühlen, hängt von vielen Faktoren und Gegebenheiten ab, die in vier Bereiche zusammengefasst werden können:

- Alltag und Freizeit mit den Eltern teilen
- Existenz eines persönlichen Wohnbereichs

- Dazugehören/häusliche Verantwortung mittragen
- Gemeinsames Erleben von guten und schwierigen Zeiten.

Gemeinsames Erleben von Alltag und Freizeit
Zum Zuhausesein gehören Alltag und Freizeit. Im Wechselmodell erleben Kinder von beiden Eltern aus sowohl den **kindlichen Alltag** mit Krippe, Kindergarten- oder Schulbesuch, als auch den **Elternalltag** mit Berufstätigkeit und allen Verpflichtungen, die den Erwachsenenalltag ausmachen. Zugleich verbringen die Kinder mit beiden Eltern auch Freizeit, Wochenenden und Ferien und erleben diese gemeinsam. Studien haben belegt, dass Kinder davon profitieren, wenn Väter sich aktiv im Leben der Kinder engagieren (z. B. Amato und Dorius 2010). Daraus folgt die Notwendigkeit, Väter am Alltag der Kinder (mehr) teilhaben zu lassen. Die Entwicklungspsychologin und Scheidungsforscherin *Joan Kelly* formuliert als Fazit aus ihrer Gesamtschau der Studien zur Scheidungsfolgenforschung, dass das Ziel des unterstützenden, liebenden Vaters nur erreicht werden kann, wenn Alltag und Freizeit gemeinsam verbracht werden, einschließlich regelmäßigen Übernachtungen und Betreuung in der Schulzeit (2007, S. 46).

Zum Alltag eines Kindes gehören auch Kontakte mit Schul- oder Kindergartenfreund/innen sowie ggf. Kindern in der Nachbarschaft; dabei sollten beide Eltern sie unterstützen. Es ist ein wichtiger Aspekt des Zuhauseseins, vom Elternhaus aus Freunde und Freundinnen treffen zu können oder sie auch mit nachhause bringen zu dürfen. Zum Alltag gehören Routinen und Rituale, auch vermeintlich Langweiliges. Gemeinsames Kochen, einkaufen gehen, Fertigmachen zur Schule, zusammen an den Hausaufgaben arbeiten, Hausarbeit verrichten und Zusammensein in spontaner, nicht strukturierter Art.

> **Erinnerung an Verbindendes**
>
> Erinnern Sie sich, welche Beschäftigungen mit Ihren Eltern Ihnen besonders schön in Erinnerung geblieben sind? Was hat zwischen Ihnen und einem Elternteil eine feste Verbindung hergestellt? Ich nehme an, es sind weder große Bonbontüten, noch teure Ferienreisen, sondern kleine alltägliche Dinge …

Besuchselternteile wollen ihren Kindern in der wenigen Zeit, die sie zu Besuch sind, keine langweiligen Alltagsdinge zumuten. Stattdessen gehen sie von einem Freizeitvergnügen zum anderen. Abgesehen davon, dass immer nur Freizeitpark oder Kino und Pizzaessen auf Dauer langweilig wird (und auch teuer), sind solche Freizeiterlebnisse nicht das, woraus sich Eltern-Kind-Bindungen entwickeln. Irgendwann werden sie langweilig und sind auch nicht mehr altersgemäß und spätestens in der Pubertät fragen Ihre Kinder: „Kennst Du und verstehst Du mich eigentlich? Weißt Du, was mich im Alltag beschäftigt? Kennst Du meine Freunde, meine Sorgen?" Häufig vermeiden Besuchselternteile auch Konflikte mit den Kindern, obwohl doch ein gemeinsam gut überstandener Streit eigentlich etwas sehr Schönes ist.

Ein persönlicher Wohnbereich für Kinder

Zum Zuhausesein gehört auch, dass Ihre Kinder in beiden Elternhäusern einen persönlichen Wohnbereich für sich haben, den sie altersentsprechend persönlich gestalten können. So können schon kleine Kinder dort zum Beispiel Bilder aufhängen, die sie gemalt haben, ältere Kinder wollen vielleicht die Einrichtung mitbestimmen oder die Wände in ihrer Lieblingsfarbe streichen. Dieser eigene Lebensbereich muss nicht zwingend ein eigenes Kinderzimmer sein. In bescheideneren Wohnverhältnissen kann auch ein eigener definierter und für das Kind eingerichteter Bereich genügen: ein eigener Schlafplatz, eine „Spielecke", ein eigener Stuhl am Tisch, ein Haken an der Garderobe, ein Fach für die Spielsachen und dergleichen mehr. Die Wohnausstattung muss dabei nicht bei beiden Eltern gleich oder gleichwertig sein. Es kommt darauf an, dass das Kind sich nicht als Besucher/in erlebt, sondern als Mitbewohner/in.

Dazugehören/häusliche Verantwortung

Zuhause sein bedeutet im Wechselmodell, dass Ihre Kinder bei Mutter und Vater als Familienmitglied dazugehören. Dies kann auch durch Kleinigkeiten zum Ausdruck kommen, die aus Kindersicht viel wichtiger sind, als die förmliche Anmeldung eines Wohnsitzes.

Beispiele für Zuhausesein des Kindes durch „Dazugehörigkeit"

- Der Name Ihres Kindes steht am Briefkasten und am Klingelschild oder wird am Anrufbeantworter genannt
- Wenn Ihre Kinder ein eigenes Kinderzimmer haben, stehen ihre Namen an der Türe
- Vielleicht ist der Name Ihrer Kinder auf den Kakaobecher oder das Zahnputzglas geschrieben
- Ältere Kinder haben einen eigenen Hausschlüssel

Auch die Übernahme häuslicher Verantwortung, also altersentsprechender Pflichten und Verantwortlichkeiten in der Elternwohnung sind Ausdruck des Dort-Wohnens.

Beispiele für Zuhausesein des Kindes durch „häusliche Verantwortung"

- Sich um ein Haustier oder eine Pflanze kümmern
- Zimmer aufräumen und in Ordnung halten
- Tisch decken oder abräumen helfen
- Wäsche aufhängen oder zusammenlegen etc.

Die Frage ob und wie viel Kinder bei der Hausarbeit helfen sollen ist eine Erziehungsfrage, die nicht vom Betreuungsmodell abhängt. Aber die genannten Tätigkeiten würde man von einem Besucher oder einer Besucherin jedenfalls nicht verlangen und darauf kommt es an dieser Stelle an.

Gemeinsames Erleben von guten und schwierigen Zeiten

Zum Zuhause sein gehört es, gute und schlechte Zeiten dort verbringen zu können und zu müssen. Wenn man irgendwo zu Besuch ist und krank wird, fährt man möglichst schnell nachhause. Zum Wechselmodell gehört es in der Regel, dass Ihr Kind Krankheit in beiden Elternhäusern auskurieren kann und ggf. auch Krankheit der Eltern miterlebt. Wenn man zuhause „Stress" hat, muss man ihn aushalten, wenn man zu Besuch ist, kann man einfach gehen. Zum Wechselmodell gehört deshalb, dass ein Elternteil nicht die Kinder zum anderen „zurückbringt", wenn es Konflikte gibt; denn zurückbringen würde bedeuten, dass die Kinder dort, wohin sie zurückgebracht werden, mehr „hingehören", mehr zuhause sind.

Beispiele für Zuhausesein des Kindes durch das Teilen von „guten und schwierigen Zeiten"

- Krankheit des Kindes und des Elternteils zusammen auskurieren
- Konflikte durchstehen und bei Streit nicht die Kinder zum anderen Elternteil bringen oder gehen lassen
- Feste, Ferien und andere positive Ereignisse gemeinsam vorbereiten und feiern
- Probleme, Trauer u. a. negative Gefühle von Eltern und Kindern (altersangemessen) bereden und teilen

---

Zusammenfassung: Besonderheiten des Wechselmodells

Im Wechselmodell haben Kinder zwei gleichwertige Zuhause bei Vater und Mutter. Sie verbringen mit beiden ungefähr gleich viel Zeit (Minimum 33%), wobei Kinder unbedingt Alltag und Freizeit mit beiden Eltern teilen. Die Co-Eltern tragen gleichberechtigt die rechtliche und pädagogische Verantwortung für ihre Kinder und teilen sich die Erziehungsverantwortung auf Augenhöhe. Damit Kinder sich bei beiden Eltern zuhause fühlen, sind die Existenz eines eigenen Wohnbereichs, Übernahme von häuslicher Verantwortung, das gemeinsame Erleben von Alltag und Freizeit sowie von guten und schlechten Tagen und Momenten wichtig.

Sommers fragen nach den Vor- und Nachteilen des Wechselmodells

Anna und Martin sind sich schnell einig, dass sie zwar als Paar getrennt leben, aber weiterhin Pauline und Freddy gemeinsam erziehen wollen. Sie sind überzeugt, dass die Kinder für ihre Entwicklung beide Eltern brauchen und sie wollen beide als Bezugsperson für sie da sein und Verantwortung für sie im Alltag tragen. Anna möchte ihre gerade begonnene Berufstätigkeit nicht aufgeben und Martin die gerade erreichte Führungsposition behalten. Dennoch ist Anna und Martin klar, dass es schwer werden wird, Berufstätigkeit und Kinderbetreuung zu vereinbaren. Sie überlegen, ob ein Wechselmodell für sie infrage käme und welche Vor- und Nachteile das für sie und ihre Kinder mit sich brächte ...

2.3 Vorteile des Wechselmodells

Es ist schon viel über die Vor- und Nachteile des Wechselmodells geschrieben worden. Manches ist empirisch untermauert, anderes basiert auf Meinungen der Autor/innen und Plausibilitätserwägungen, wieder anderes gibt Erfahrungen von Familien wieder, die das Wechselmodell praktizieren. Nachfolgend werden die wichtigsten Vorteile einer Kinderbetreuung im Wechselmodell für Mütter, Väter und Kinder dargestellt. Wissenschaftliche Studien, zu den hier genannten Themen betreffen, werden in Kap. 5. dargestellt.

Mögliche Vorteile des Wechselmodells

1. Intensive emotionale Bindung der Kinder an beide Eltern
2. Bessere psychische Entwicklung der Kinder
3. Bessere soziale Situation der Kinder und bessere Schulsituation
4. Höhere Zufriedenheit der Kinder
5. Höhere Zufriedenheit der Eltern
6. Kontakt zum sozialen Umfeld beider Eltern (insbes. Großeltern)
7. Zwei gleichwertige (aber verschiedene) Zuhause

8. Bessere physische Gesundheit von Eltern und Kindern
9. Deeskalation und Beziehungsverbesserung zwischen den Eltern
10. Vermeidung/Reduktion von Loyalitätskonflikten der Kinder
11. Teilhabe an den Ressourcen beider Eltern
12. Entlastung beider Eltern
13. Ökonomische Vorteile
14. Gleichberechtigte Geschlechterrollen
15. Erlernen von Mobilität und Selbstorganisation

1. Intensive Emotionale Bindung der Kinder an beide Eltern

Dieser Punkt ist aus meiner Sicht der wichtigste: Viele Studien haben gezeigt, dass Kinder, die im Wechselmodell betreut werden, eine bessere emotionale Bindung an beide Eltern haben, als Kinder, die im Residenzmodell betreut werden und dass diese Bindung gleich eng ist, wie bei zusammenlebenden Familien. Natürlich gibt es auch Kinder, die im Wechselmodell leben und zu einem oder beiden Eltern keine gute Bindung haben. Die gibt es aber auch in zusammenlebenden Familien. Dass in den empirischen Untersuchungen viele tausend Kinder eine bessere Bindung haben, bedeutet keine Garantie im Einzelfall – wohl aber eine höhere Wahrscheinlichkeit.

2. Bessere psychische Entwicklung der Kinder

Kinder, die im Wechselmodell betreut werden, zeigen im Vergleich zu Kindern, die im Residenzmodell betreut werden, eine bessere psychische Entwicklung. Sie haben weniger psychische Probleme und Auffälligkeiten. Das gilt auch für Kinder im Vorschulalter. In einer australischen Studie wurde sogar nachgewiesen, dass Wechselmodellkinder seltener eine ADHS-Diagnose haben. Die Forschung kann jedoch nichts darüber aussagen, ob es diesen Kindern besser geht, *weil* sie im Wechselmodell betreut werden oder ob die Ursache ist, dass sie die „besseren" Eltern haben, d. h. Eltern, die sich weniger streiten, die sich selbst zurücknehmen können und die die Bedürfnisse der Kinder ins Zentrum ihres Denkens und Handelns stellen.

3. Bessere soziale Situation der Kinder und bessere Schulsituation

Verschiedene Studien haben gezeigt, dass Kinder im Wechselmodell nicht nur mit ihrem Familienleben zufriedener sind als Kinder im Residenzmodell, sondern dass sie auch mit ihrer schulischen Situation zufriedener sind. Außerdem zeigen sie seltener Probleme mit Gleichaltrigen und werden deutlich seltener Opfer von Mobbing.

4. Höhere Zufriedenheit der Kinder

Kinder, die im Wechselmodell betreut werden, sind nach empirischen Befragungen mit dieser familiären Lebenssituation im Schnitt zufriedener, als Kinder, die im Residenzmodell leben. Eine Studie der Weltgesundheitsorganisation (WHO) zur „allgemeinen Lebenszufriedenheit" von Kindern und Jugendlichen in 36 westlichen Industrienationen hat gezeigt, dass Wechselmodellkinder zufriedener sind als Kinder im Residenzmodell. Am zufriedensten sind Kinder, deren Eltern zusammen leben. Höhere Zufriedenheit von Kindern in Wechselmodellbetreuung haben auch Studien aus Australien gezeigt. Am zufriedensten sind Kinder, deren Eltern zusammen leben.

5. Höhere Zufriedenheit der Eltern

Auch Mütter und Väter sind mit dem Wechselmodell nach empirischen Studien zufriedener als im Residenzmodell. Viele nennen die „kinderfreie Zeit" als einen Vorteil: Zeit, in der sie in Ruhe arbeiten können, sich fortbilden, Freizeit genießen oder Zeit mit neuen Partner/innen verbringen. Nach einer schwedischen Untersuchung sind Wechselmodelleltern mit ihrer „sozialen Situation" sogar zufriedener, als zusammenlebende Elternpaare. Sie sind aber auch mit ihrer wirtschaftlichen und ihrer gesundheitlichen Situation zufriedener als Eltern, deren Kinder im Residenzmodell betreut werden. Die Zufriedenheit von Eltern stellt sich manchmal erst nach einiger Zeit ein, wenn sie die Vorteile der Betreuung im Wechselmodell erkennen und schätzen lernen. Viele Eltern sind auch damit zufrieden, dass es ihnen gelingt, den Kindern einen guten Kontakt zu beiden Eltern zu erhalten, weil sie ihre Trennung nicht auf dem Rücken ihrer Kinder austragen wollen.

6. Kontakt zum sozialen Umfeld beider Eltern (insbes. Großeltern)

Der Kontakt zu beiden Eltern ist für eine gesunde positive Entwicklung von Kindern wichtig und hilfreich. Häufig empfinden Kinder im Residenzmodell den „Verlust" eines Elternteils bzw. dessen „Abwertung" zum Besuchselternteil als schmerzhaft. Wenn Kinder im Residenzmodell jedoch nicht nur Mutter oder Vater „verlieren", sondern auch noch deren Eltern, also ihre Großeltern und andere Verwandte und Freunde dieses Elternteils, dann verlieren sie ihre halbe soziale familiäre Welt. Im Wechselmodell hingegen bleibt meistens der lebendige Kontakt zu beiden Familienhälften erhalten. Das kann für Kinder sehr wichtig sein, denn Großeltern können eine stabilisierende, unterstützende Rolle für Kinder im Trennungsgeschehen ihrer Eltern spielen.

7. Zwei gleichwertige aber verschiedene Zuhause

Gleich*wertigkeit* bedeutet nicht Gleichheit. Viele Kinder und Jugendliche erleben die Verschiedenheit ihrer Eltern als Bereicherung. Sie können bei jedem Elternteil dessen Stärken und Vorteile sehen und genießen. So erleben sie von Kindheit an, dass es unterschiedliche Lebensentwürfe gibt. Das fördert Toleranz und eigenes Urteilsvermögen.

8. Bessere physische Gesundheit von Eltern und Kindern

Nicht nur psychisch, sondern auch körperlich sind Eltern und Kinder im Wechselmodell gesünder als im Residenzmodell. Eine große schwedische Studie hat zum Beispiel gezeigt, dass die Wechselmodellkinder deutlich seltener psychosomatische Erkrankungen und Symptome aufweisen als Kinder im Residenzmodell.

9. Deeskalation und Beziehungsverbesserung

Häufig gelingt im Wechselmodell schneller wieder eine Verbesserung der Beziehung zwischen den Eltern. Wenn eine Wechselmodellvereinbarung den „Kampf um's Kind" vermeiden kann, ist sehr viel gewonnen. Denn nichts ist für Kinder trauriger und schädlicher, als dauerhafter Streit zwischen den Eltern. Ein gerichtlicher Sorgerechtstreit ist für alle Beteiligten sehr belastend. So ein Prozess kostet Zeit und Geld und vor allem wird häufig das Vertrauen zwischen den Eltern langfristig zerstört. Alles, was hier Eskalation vermeidet, leistet langfristig einen wertvollen Beitrag für das Kindeswohl und das Wohlbefinden der Eltern.

10. Vermeidung/Reduktion von Loyalitätskonflikten der Kinder

Normalerweise lieben Kinder beide Eltern. Sie wollen sich nicht für einen Elternteil (und damit gegen den anderen) entscheiden müssen. Sie haben Papa lieb und Mama lieb und müssen damit klarkommen, dass diese sich getrennt haben, was schwer genug ist. Wenn Kindern die Entscheidung zwischen den Eltern abgenommen wird, erleben sie das als große Erleichterung. Wichtig ist auch, dass die Eltern nicht schlecht übereinander sprechen. Denn wenn die Mutter den Vater schlecht macht, oder der Vater die Mutter, dann machen diese Elternteile damit auch das halbe Kind schlecht (spätestens ab Schulalter wissen Kinder nämlich, dass sie halb von Mama und halb von Papa abstammen).

11. Teilhabe der Kinder an den Ressourcen beider Eltern

Sie als Eltern haben – neben Liebe und Zuwendung – noch vielfältige andere Ressourcen für ihre Kinder, die Sie sich ruhig einmal bewusst machen können und auf die Sie stolz sein dürfen (siehe Tab. 2.2). Wenn

Tab. 2.2 Ressourcen für Kinder

Praktische Ressourcen	Soziale Ressourcen	Bildungsressourcen	Wirtschaftliche Ressourcen
– Ernährung – Körperpflege – Gesundheitspflege – Beaufsichtigung – Überwachung – Betreuung – Spielen, Handwerk – Hausarbeit – Musikalische Förderung – Fahrdienst	– Rollenvorbild als Mann/ Frau und Mutter/Vater – Beziehungsgestaltung und Konfliktbewältigung – Wertevermittlung – Haltung zu Moral, Lebensfragen, Religion – Verwandtschaft und Freunde – Berufliche Kontakte	– Hilfe bei Schulaufgaben – Gemeinsames Tun, Erleben, Lernen, Erforschen – Spracherwerb – Gezielte kindliche Bildungsangebote – Eigene berufliche Kompetenzen	– Teilhabe am elterlichen Einkommen u. Vermögen als laufender Unterhalt – Geschenke – Taschengeld – Krankenversicherung

Ihre Kinder von zwei ihnen zugewandten Erwachsenen mit diesen Ressourcen versorgt werden, bekommen sie doppelt so viel. Das kann einer der Gründe sein, weshalb Kinder im Wechselmodell stärker sind.

12. Entlastung beider Eltern

Die Doppel- und Dreifachbelastung, die Erwerbsarbeit, Haushalt und Kinderbetreuung für einen alleinerziehenden Elternteil bedeuten, wird im Wechselmodell durch die Verteilung der Belastungen auf beide Elternteile reduziert. Viele Eltern geben in Befragungen an, froh zu sein, auch „kinderfreie Zeit" zu haben. Das dürfte auch einer der Gründe dafür sein, dass es den meisten Kindern im Wechselmodell so gut geht: Ihre Eltern sind ausgeruhter und zufriedener. Eine große schwedische Studie hat gezeigt, dass die Eltern zufriedener sind hinsichtlich ihrer sozialen, wirtschaftlichen und familiären Situation, wenn sie Ihre Kinder im Wechselmodel betreuen, verglichen mit Einzelresidenzbetreuung. Das Ergebnis gilt für Mütter wie Väter gleichermaßen. Diese Zufriedenheit kommt den Kindern unmittelbar zugute: glückliche Eltern haben glücklichere Kinder – für diese Einsicht genügt eigentlich der „gesunde Menschenverstand".

13. Ökonomische Vorteile

Wenn Kinder von zwei Eltern versorgt werden, an ihrem Einkommen und Vermögen teilhaben, dann kommt bei ihnen mehr Wohlstand an, als wenn sie nur von einem Elternteil versorgt werden. Das ist plausibel und auch empirisch nachgewiesen. Beispiel: Der Vater kauft dem Kind lieber ein Fahrrad, als dass er der Mutter Geld gibt, damit sie davon dem Kind ein Fahrrad kauft. Es ist aber nicht nur die Teilhabe an finanziellen Ressourcen beider Eltern, von der Kinder im Wechselmodell profitieren, sondern auch die Erwerbsmöglichkeiten beider Eltern. Je nach Alter und Anzahl der Kinder arbeiten nämlich meistens beide Eltern und verdienen mehr, als wenn einer überwiegend betreuen würde und der andere das Geld verdient. Es gibt jedoch auch Hinweise darauf, dass sich besserverdienende Eltern von vorne herein eher für Betreuung im Wechselmodell entscheiden als Eltern mit eher geringem Einkommen.

14. Gleichberechtigte Geschlechterrollen
Wenn Sie Ihren Kindern beibringen möchten, dass Männer und Frauen gleichberechtigt sind, dass Mütter auch im Beruf erfolgreich sind und auch Väter gut einen Haushalt versorgen können – dann leben Sie das Ihren Kindern am besten vor. Das Wechselmodell gibt für gleichberechtigte Rollenerfahrungen und -vorbilder die besten Voraussetzungen.

15. Erlernen von Mobilität und Selbstorganisation
Kinder im Wechselmodell müssen früher als Gleichaltrige lernen, ihre Sachen so zu organisieren, dass nicht ständig das Wichtige gerade beim anderen Elternteil vergessen wurde. Natürlich können Eltern auch im Wechselmodell ihren Kindern bis zum Erwachsenwerden alles hinterher tragen… Sie werden es aber wahrscheinlich nicht wollen. Kinder erlernen somit Mobilität und Flexibilität, die heutzutage privat und im Beruf wichtig sind. Sie werden dadurch (vermutlich) früher selbstständig.

2.4   Nachteile des Wechselmodells

Mögliche Nachteile des Wechselmodells
1. Einschränkung der Elternmobilität
2. Notwendigkeit von Kontakt/Absprachen zwischen den Eltern
3. Notwendigkeit der Koordination der Alltagsentscheidungen
4. Mehrkosten für doppelten Haushalt
5. evtl. Verlust von Unterhaltsansprüchen
6. Gesetzeslage: Wechselmodell passt nicht ins rechtliche System
7. Organisationserfordernis für Wechsel und Sachen

1. Einschränkung der Elternmobilität

Wenn Sie sich als Eltern für ein Wechselmodell entscheiden, muss Ihnen bewusst sein, dass dies nur funktioniert, wenn Sie nah genug beieinander wohnen, sodass Ihre Kinder die Schule (und jüngere Kinder nach Möglichkeit ihre Tagesbetreuung) von beiden Elternhäusern aus erreichen können. Das bedeutet, kein Elternteil kann einfach umziehen, ohne das Wechselmodell zu gefährden. Wenn Sie eine neue Partnerschaft zu einem Neuanfang in einer anderen Stadt lockt oder ein besserer Job in der Ferne winkt, müssen Sie als Wechselmodelleltern zugunsten Ihrer Kinder Verzicht leisten. Ein Trost kann dann sein: es ist nicht für immer.

Gedanken an Ihre Zukunft

Überlegen Sie sich: Wie lange werden Ihre Kinder noch von Ihnen betreut werden? An welchem Punkt werden Sie als Erwachsener danach in Ihrem Leben stehen?

2. Kontakt/Absprachen zwischen Eltern

Es gibt viele Möglichkeiten, die Absprachen und den direkten Kontakt zwischen den Eltern zu reduzieren (vgl. Abschn. 3.4), aber ganz ohne geht es nicht. Allerdings: Auch das Residenzmodell fordert Absprachen und Kontakt, manchmal ebenso viel wie ein Wechselmodell. Nur wenn der Kontakt zu einem Elternteil völlig eingestellt würde, wären Absprachen und Kontakte nicht mehr erforderlich. Und das ist doch wohl keine ernst zu nehmende Alternative! Wenn Sie moderne Kommunikationsmedien einsetzen, gelingen diese Absprachen meist auf „geschäftsmäßiger" Basis. Man muss sich ja nicht unbedingt regelmäßig zum Kaffeetrinken zusammensetzen (obwohl manche Eltern das machen). Und: Je älter Ihre Kinder werden, desto weniger Kontakt/Absprachen werden erforderlich sein, denn dann regeln Ihre Kinder vieles selbst.

3. Koordination der Alltagsentscheidungen

Da im Wechselmodell auch Alltagsfragen zwischen den Eltern abgesprochen werden sollten (muss man nicht, aber das geht dann zulasten der Kinder) ist eine gewisse Koordination im Sinne Ihres Kindes wichtig. Wenn Sie nicht entscheiden können, ob Ihr Kind lieber Flöte lernt oder Gitarre, dann lernt es eben gar kein Musikinstrument oder beide. Mein Lösungsvorschlag: Fragen Sie doch Ihr Kind!

4. Mehrkosten für doppelten Haushalt

Mehrkosten können vor allem für ein zweites Kinderzimmer entstehen und alle Dinge, die doppelt angeschafft werden. Allerdings haben auch im Residenzmodell Kinder, die regelmäßig zu Besuch kommen, häufig ein eigenes Zimmer und manche Sachen doppelt – aber zugegeben, es sind dort weniger. Für Wohnkosten gibt es eventuell Wohngeld. Auch muss ja nicht jedes Kind ein eigenes Zimmer haben. Je nachdem, wie groß man den Koffer packt, braucht man auch nicht so viele Sachen doppelt. Auf der anderen Seite spart man im Wechselmodell auch Geld: zum Beispiel für Betreuung (Babysitter, vielleicht auch Hortkosten, Ferienbetreuung) und für Fahrtkosten, denn Wohnortnähe ist Bedingung (während im Residenzmodell manche Kinder und Eltern sehr weit fahren müssen). Ein gewisser finanzieller „Mehrbedarf" ist jedoch nicht von der Hand zu weisen.

5. Eventuell Verlust von Unterhaltsansprüchen

Vielfach wird das Wechselmodell mit der Behauptung verbunden, dass dann kein Kinderunterhalt (Alimente) mehr zu zahlen sei. Das ist nur zum Teil richtig bzw. das stimmt nur dann, wenn genau hälftig betreut wird *und* wenn beide Eltern ungefähr gleich viel verdienen. Wenn ein Elternteil deutlich mehr verdient, ist auch im paritätischen Wechselmodell Kindesunterhalt geschuldet, bei erweitertem Umgang und im asymmetrischen Wechselmodell sowieso. Im Übrigen: vereinbaren Sie einen für Sie fairen Unterhalt bzw. eine faire Verteilung der Kosten. Niemand ist an die (teilweise sehr ungerechte) Rechtsprechung in Fragen des Kindesunterhalts gebunden.

6. Wechselmodell passt nicht ins rechtliche System

Dieses Problem wird sich hoffentlich bald nach und nach lösen. Aktuell stoßen Eltern, die ein Wechselmodell praktizieren, immer wieder auf rechtliche Schwierigkeiten, weil das Wechselmodell im Gesetz nicht vorgesehen ist. Nicht im Steuerrecht, nicht im Sozialleistungsrecht, nicht im Melderecht (Kinder können nicht zwei gleichberechtigte Wohnsitze haben) usw. Das ist oft ärgerlich, aber überwindbar. Für die meisten Probleme hat die Rechtsprechung bereits Lösungswege gefunden.

7. Organisationserfordernis für Wechsel und Sachen

Den Wechsel der Kinder zwischen den Elternhäusern und den Transport ihrer Sachen nimmt Ihnen leider niemand ab – außer, Sie entscheiden sich für ein Nestmodell, dann müssen aber Sie und Ihre Sachen wechseln. Bei kleineren Kindern müssen die Eltern diese logistische Leistung vollbringen, ältere Kinder werden zunehmend selbstständig. Wo ein Wille ist, ist auch ein Weg … und im Übrigen wechseln Kinder auch im Residenzmodell zwischen zwei Elternhäusern (oft über große Entfernungen hinweg) und auch für einen Wochenendbesuch muss eine Tasche gepackt werden.

> Das Wechselmodell bringt auch Nachteile mit sich. Je besser Eltern kooperieren, desto leichter wird es. Mit zunehmendem Altern der Kinder wird die Durchführung einfacher.

In Kap. 3 werden Tipps und Anregungen weitergegeben, wie Eltern und Kinder sich das Leben an zwei Orten einfacher machen können.

2.5 Voraussetzungen des Wechselmodells

In Ihrem Fall muss eine individuelle Entscheidung getroffen werden, da helfen keine empirischen Untersuchungen und keine Pauschalaussagen. Sie müssen sich fragen, ob die Voraussetzungen für eine Betreuung im Wechselmodell gegeben sind oder ob Einschränkungen bestehen, die gegen diese Betreuungsform sprechen. Die US-amerikanische Entwicklungspsychologin *Linda Nielsen* hat auf die Frage nach den Voraussetzungen für eine Betreuung im Wechselmodell geantwortet: *„Two parents, fit and loving"* (2011). Zwei Eltern, die gesund sind und ihre Kinder lieb haben. Ich würde es noch um zwei Punkte ergänzen wollen (Wohnortnähe und Bereitschaft der Kinder zu wechseln), aber im Grunde genommen hat *Linda Nielsen* Recht. Es kursieren die abenteuerlichsten Gerüchte über angeblich ganz hohe Voraussetzungen an die Eltern und ihre Lebensumstände für eine gute Kinderbetreuung im Wechselmodell. Man muss jedoch zwischen *echten* Voraussetzungen (die unverzichtbar sind) und nur *wünschenswerten* Rahmenbedingungen (die zwar schön wären, aber eben nicht Voraussetzung sind) unterscheiden. Es gibt danach vier unverzichtbare Voraussetzungen für eine Betreuung im Wechselmodell:

1. Die Eltern haben eine positive Haltung zum Kind
2. Beide Eltern sind grundsätzlich erziehungsgeeignet
3. Wohnortnähe zwischen den Elternhäusern
4. Bereitschaft des Kindes zu wechseln.

1. Positive Haltung zum Kind („loving")

Die meisten Eltern lieben ihre Kinder. Sehr sogar. Sie wenden sich ihnen aufmerksam und fürsorglich zu, sie lehnen sie nicht ab und sind bereit, sie zu betreuen. Natürlich gibt es davon Ausnahmen, aber über diese handelt dieses Buch nicht. Das Wechselmodell ist kein Konzept für Eltern, die den Kontakt und die Verantwortung für ihr Kind ablehnen. Aber in den meisten Familien ist das nicht das streitige Thema, sondern umgekehrt, dass beide Eltern ihre Kinder lieben und beide sie betreuen wollen, weil sie beide gute und engagierte Eltern sind.

2. Grundsätzliche Erziehungseignung beider Elternteile („fit")

Wir sind in weiten Spielräumen frei, wie wir unsere Kinder erziehen, so lange nicht ihr geistiges, seelisches oder körperliches Wohl gefährdet wird. Eltern, die schädigende Erziehungsmethoden (z. B. Vernachlässigung des Kindes) oder rechtlich verbotene Erziehungsmethoden (z. B. Gewalt als Erziehungsmittel) anwenden, sind nicht erziehungsgeeignet. „Fit" heißt in diesem Sinne aber auch körperlich und seelisch gesund zu sein. Erkrankungen können die Erziehungsfähigkeit einschränken oder ausschließen, z. B. Suchtmittelabhängigkeit oder psychische Erkrankungen, die keine feinfühlige Zuwendung zum Kind ermöglichen. Grundsätzlich wird in Deutschland, Österreich und der Schweiz „Erziehungseignung" bei den Eltern ohne Überprüfung vorausgesetzt und so lange angenommen, bis es Anhaltspunkte für das Gegenteil gibt. Für eine Beschränkung der Erziehungseignung im Wechselmodell gilt dasselbe, wie im Residenzmodell. Allerdings gibt es Fälle, in denen ein Elternteil (oder sogar beide Eltern) in ihrer Erziehungseignung nur leicht eingeschränkt sind. Hier kann eine Wechselmodellbetreuung unter Umständen helfen, dass dieser Elternteil (oder diese Eltern) trotz ihrer Einschränkung in der Erziehungsverantwortung bleiben können.

3. Wohnortnähe zwischen den Elternhäusern

Im Wechselmodell muss die Schule und sollte die Krippe oder der Kindergarten von beiden Elternhäusern aus erreichbar sein. Bei noch nicht schulpflichtigen Kindern können auch weitere Entfernungen in Kauf genommen werden, wenn die Wechsel nicht zu häufig sind und der Fahrtaufwand vertretbar ist. Im Einzelfall ist zu bedenken, dass gerade in den ersten drei Lebensjahren die Bindungen zu den Eltern (u. a. Bezugspersonen) aufgebaut werden und in dieser Zeit ein enger Kontakt zu Mutter und Vater besonders wichtig ist. Wichtiger, als ob das Kind regelmäßig an einer Krabbelgruppe teilnimmt oder nicht. Die Zugehörigkeit zu zwei Kindergartengruppen ist jedoch nur schwer zu leben und spätestens mit der Einschulung muss die

Entfernung zur Schule von beiden Eltern aus zumutbar sein. Was eine „zumutbare" Entfernung ist, kann man nicht pauschal beantworten. Auf dem Lande haben Kinder teilweise sehr lange Schulwege, die Eltern in der Stadt nicht akzeptieren würden. Hier müssen die Möglichkeiten im Einzelfall geprüft werden. Vielleicht können Sie oder der Co-Elternteil (oder beide?) umziehen, um ihrem Kind die Entfernung zu verkürzen?

4. Bereitschaft der Kinder zu wechseln
Grundsätzlich kann man davon ausgehen, dass Kinder beide Eltern lieben und mit beiden einen guten, intensiven Kontakt wünschen. Insofern ist dieser Punkt selten problematisch. Viel häufiger, als dass Kinder ein Wechselmodell ablehnen, kommt es vor, dass sie es sich wünschen, die Erwachsenen es ihnen aber verwehren. In Interviews sagen viele Wechselmodellkinder, dass das Wohnen an zwei Orten für sie zwar anstrengend sei, sich aber lohnen würde und dass das Wechselmodell für sie die zweitbeste Lebensform sei (nach dem Zusammenleben der Eltern). Auch im Residenzmodell nehmen Kinder übrigens häufig einige Strapazen auf sich, um den Kontakt zum weniger betreuenden Elternteil nicht zu verlieren.

2.6 Grenzen des Wechselmodells (Kontraindikationen)

Es gibt natürlich auch Gründe, die ganz klar *gegen* eine Betreuung im Wechselmodell sprechen. Zum einen die Abwesenheit von den oben genannten vier Voraussetzungen (vgl. Abschn. 2.5), zum anderen wechselmodellspezifische Kontraindikationen. Daraus ergeben sich die folgenden fünf Ausschlussgründe:

1. Ablehnende Haltung zum Kind, fehlende Betreuungsbereitschaft
2. Fehlende Erziehungseignung eines Elternteils
3. Zu große Wohnortentfernung zwischen den Elternhäusern
4. Fehlende Bereitschaft des Kindes zu wechseln
5. Fälle von Missbrauch und Gewalt

1. Ablehnende Haltung zum Kind, fehlende Betreuungsbereitschaft
Wenn ein Elternteil das Kind und seine Betreuung ablehnt, muss man über ein Wechselmodell eigentlich gar nicht erst nachdenken. Das Wechselmodell ist kein Konzept, um betreuungsunwillige Eltern an ihr Kind heranzuführen.

2. Fehlende Erziehungseignung eines Elternteils

Wenn ein Elternteil aufgrund einer Erkrankung nicht erziehen kann oder aus anderen Gründen nicht geeignet ist, ein Kind zu betreuen, hilft auch kein Wechselmodell. Bei eingeschränkter Erziehungseignung aufseiten eines Elternteils (oder sogar auf beiden Seiten), kann eine Wechselmodellbetreuung zwar unter Umständen helfen, dass das Kind von jedem Elternteil das Beste bekommt, was dieser geben kann. Aber wenn das Kind in der Obhut eines Elternteils körperlich, geistig oder seelisch gefährdet ist, darf er oder sie das Kind nicht betreuen. Hier gelten vergleichbare Grenzen, wie bei Besuchskontakten im Residenzmodell.

3. Zu große Wohnortentfernung zwischen den Elternhäusern

Wechselmodellspezifisch kommen praktisch die Grenzen des Machbaren hinzu, wenn die Wohnortentfernung zwischen den Eltern zu groß ist. Was die Dauer eines angemessenen Schulwegs betrifft, gehen die Meinungen auseinander. Auch hier sind Eigenarten und besondere Bedürfnisse der Kinder zu berücksichtigen. Eine pauschale Formel zur Wohnortnähe mit Kilometerangaben verbietet sich. Man könnte aber sagen: So nah wie möglich (je näher, desto leichter sind die Wechsel und Wege zwischen Ihnen für Ihre Kinder) und so weit wie nötig (damit Sie ihrem Co-Elternteil nicht ungewollt begegnen müssen).

4. Fehlende Bereitschaft des Kindes zu wechseln

Wenn Ihre Kinder zu einem Elternteil nicht oder lieber nur seltener gehen möchten, muss man die Gründe dafür hinterfragen. Je nach Alter sollte der Wunsch, nur (noch) bei einem Elternteil leben zu wollen, respektiert werden. Häufig nimmt in der Pubertät die Bedeutung der Kontakte zu Gleichaltrigen zu und die Bedeutung der Eltern ab. In diesem Prozess der Ablösung muss dann das Wohnen an zwei Orten aufgegeben werden. Aber in dieser Phase, wo Eltern im Alltag scheinbar ohnehin „unwichtiger" werden, können die Kinder dann hoffentlich schon auf feste, tragfähige Bindungen und vertrauensvolle Beziehungen zu beiden Eltern bauen.

5. Fälle von Missbrauch und Gewalt

Wo Kinder misshandelt oder missbraucht werden und Gewalt in jedweder Form ausgesetzt sind, müssen sie geschützt werden. Dies gilt selbstverständlich unabhängig vom Betreuungsmodell und keinesfalls sollen Kinder (und Eltern) durch ein Betreuungsmodell in gewaltbeherrschte Beziehungen hineingezwungen werden. Angesichts der Bandbreite häuslicher Gewalt muss jedoch eine differenzierte Prüfung erfolgen. Der Gewaltvorwurf darf nicht nur aufgrund von Behauptung, sondern nur bei Vorlage von Beweisen rechtliche und tatsächliche Konsequenzen haben. Die aktuelle Gefahr ein Kind Gewalt auszusetzen, ist dabei natürlich ein Kontaktausschlussgrund. Bei Gewalt in der Vergangenheit muss der Einzelfall geprüft werden. Auch das Ausmaß der Gewalt und die Frage, ob sie wechselseitig zwischen den Eltern verübt wurde, muss – bei aller Verurteilung von Gewalt als Mittel der Auseinandersetzung – bei der Entscheidung, ob sie für die Betreuung von Kindern Konsequenzen haben soll, eine Rolle spielen: „Handgreiflichkeiten", zu denen es aufgrund einer besonderen trennungsbedingten Konfliktsituation kam, ohne dass es in der Beziehung der Erwachsenen zuvor Gewalt gegeben hatte und ohne, dass eine Wiederholung zu erwarten wäre, gefährdet weder die Sicherheit des Kindes, noch schränkt sie grundsätzlich die Erziehungseignung der Elternteile ein. Bei der Wahl der Betreuungsform muss auf der einen Seite dem Bedürfnis der Kinder nach einer substantiellen Beziehung zu beiden Elternteilen und auf der anderen Seite dem Schutz der Kinder (oder eines Elternteils) vor Gewalt Rechnung getragen werden.

Und was ist, wenn ein Elternteil das Wechselmodell nicht will?
Es ist kein Ausschlussgrund, dass ein Elternteil das Wechselmodell ablehnt oder nicht praktizieren möchte. Wenn Ihr Co-Elternteil sich sperrt und auch Beratung und Mediation nicht weiterhelfen, bleibt nur der Weg über das Gericht (vgl. Abschn. 4.3).

2.7   Wechselmodell bei Babys und Kleinkindern

Ein junges Alter des Kindes ist für sich genommen *keine* Kontraindikation. Es gibt Eltern, die sich ab Geburt die Betreuung teilen und damit sehr gute Erfahrungen machen. Eine schwedische Studie hat gezeigt, dass auch Kinder im Vorschulalter von einer abwechselnden Betreuung profitieren können und dass sie weniger psychische Auffälligkeiten zeigen, als gleichaltrige Kinder im Residenzmodell (Bergström et al. 2017). Allerdings muss man bei Kindern unter drei Jahren noch eine zusätzliche Bedingung als Voraussetzung formulieren: **Bereitschaft der Eltern zu Kooperation und Austausch.** Das Kleinkind kann selbst noch nicht sprechen, die Eltern müssen sich also über alle *relevanten* Tagesereignisse informieren und sie sollten in der Lage sein,

Absprachen zu treffen (und einzuhalten), damit die Bedürfnisse des Kleinkindes nach Konstanz (z. B. Ernährung, Schlafen, Pflege) gewährleistet sind (zu möglichen Betreuungsmodellen bei Babys vgl. Abschn. 3.1).

2.8   Wünschenswerte Rahmenbedingungen

Es werden viele „Forderungen" an Wechselmodelleltern formuliert, deren Erfüllung schön wäre und das Leben erleichtern würde, die aber keine Voraussetzungen sind. Folgende sind zu nennen:

1. Ähnliche Erziehungsvorstellungen
2. Zustimmung der Eltern zum Wechselmodell
3. Gute Kooperation und Kommunikation zwischen den Eltern
4. Beherrschbares Konfliktniveau zwischen den Eltern

1. Ähnliche Erziehungsvorstellungen

Es wird teilweise gefordert, Eltern sollten einen **ähnlichen Erziehungsstil** haben. Das hilft, aber es ist nicht notwendig. Auch zusammenlebende Eltern pflegen häufig einen unterschiedlichen Erziehungsstil, ohne dass dies für ihre Kinder ein Problem ist. Warum sollte von getrenntlebenden Eltern eine größere Übereinstimmung in Erziehungsfragen zu fordern sein, als von zusammenlebenden Eltern? Die meisten Eltern haben folgenden Erziehungsstil: Es gibt Regeln, an die Kinder sich halten sollen. Wie diese Regeln konkret aussehen, hat nichts mit der Frage des Erziehungsstils zu tun. Ihre Kinder sind es gewohnt, mit unterschiedlichen Regeln umzugehen. Auch im Kindergarten oder in der Schule gelten andere Regeln als zuhause, bei Oma und Opa gelten andere Regeln, als bei Mama und Papa. Bei manchen Stressthemen (vgl. Abschn. 4.6) ist es hilfreich, wenn Sie sich als Eltern auf eine gemeinsame Linie verständigen können – eine Voraussetzung für Wechselmodellbetreuung ist es nicht.

2. Zustimmung der Eltern zum Wechselmodell

Es ist schön, wenn beide Eltern grundsätzlich davon überzeugt sind, dass geteilte Betreuung eine gute Sache ist. Eine Bedingung sollte man nicht daraus formulieren. Manche Eltern sind zunächst eher skeptisch, erleben dann aber durchaus Vorteile für sich und ihre Kinder, die zu einer positiven Haltungsänderung führen. Im Residenzmodell muss häufig auch ein Elternteil gegen seinen erklärten Willen eine Rolle einnehmen, die er nicht wünscht, ja ablehnt. Von ihm erwartet man selbstverständlich, dass er sich bemüht, damit klarzukommen. Auch im Wechselmodell darf man von Eltern solche Bemühungen erwarten. Aus verfassungsrechtlicher Sicht ist eine Bedingung der Zustimmung beider Eltern ebenfalls abzulehnen, denn die Grundrechte auf Familienleben und Elternschaft (für Kinder und Eltern!) dürfen nicht von der Zustimmung (bzw. vom Veto) eines Co-Elternteils abhängen.

3. Gute Kooperation und Kommunikation zwischen den Eltern

Es ist schöner für Eltern und Kinder, wenn Eltern nach einer Trennung zugunsten ihrer Kinder gut kooperieren und über die notwendige Kommunikation verfügen. Eine gut funktionierende Kooperation und Kommunikation (Co-Parenting) als Voraussetzung für ein gelingendes Wechselmodell zu fordern, lässt jedoch viele Aspekte außer Acht und ist daher abzulehnen. Hier einige Gründe dafür:

- Welches sind die Betreuungs*alternativen* und welche Auswirkungen hätten sie auf das Kindeswohl?
- Wird das Co-Parenting besser, wenn das Kind nicht im Wechselmodell betreut wird? Wahrscheinlich nicht, eher das Gegenteil ist zu erwarten.
- Wie werden die Wechselwirkungen zwischen dem Betreuungsmodell und dem Co-Parenting sich auf den Betreuungsverlauf auswirken? *Durch* die Betreuung im Wechselmodell kann sich das Co-Parenting verbessern. Langzeitstudien haben gezeigt, dass Eltern, die ihre Kinder im Wechselmodell betreuen, bessere Kooperationsformen entwickeln und Konflikte so schneller deeskalieren können.
- Viele Studien haben empirisch nachgewiesen, dass auch Eltern mit geringer oder keiner Kooperation/Kommunikation das Wechselmodell zufriedenstellend praktizieren können. Es hilft dabei, das Verhältnis zum Co-Elternteil wenn schon nicht „freundschaftlich", dann doch zumindest „nüchtern-geschäftlich" zu führen.
- Man unterscheidet zwischen „aktiver Kooperation", in der sich die Eltern wechselseitig beraten und in ihrer Elternrolle aktiv unterstützen und „passiver Kooperation", in der die Eltern sich vor den Kindern lediglich nicht schlecht machen und die Kinder nicht als Boten oder „Spion" instrumentalisieren. Passive Kooperation genügt für ein Wechselmodell, auch wenn aktive Kooperation wünschenswerter und daher anzustreben ist. Vielleicht kooperieren sie in einigen Jahren wieder besser?

- Wo liegen die Probleme zwischen den Eltern? Auch Eltern, denen es nicht gelingt, über ihre Eltern-Belange gut zu kommunizieren, können sich unter Umständen durchaus über Belange der Kinder austauschen.
- Das Kommunikationserfordernis hängt außerdem stark vom Alter der Kinder ab. Je jünger die Kinder sind, desto mehr sind sie auf die Kommunikation zwischen den Eltern angewiesen, da sie ihre Empfindungen und Bedürfnisse noch nicht selbst verbal artikulieren können.

Betreuung im Wechselmodell ist in der Gesamtbetrachtung auch mit sehr wenig Kommunikation und Kooperation möglich und auch Wochenendbesuche im Residenzmodell erfordern ein gutes Co-Parenting, was das folgende Beispiel zeigt:

Beispiel für Konfliktpotenzial bei Besuchen im Residenzmodell
(der innere Monolog der Eltern ist kursiv gedruckt)
Chris und Robin (6 u. 8 Jahre alt) leben bei ihrer Mutter Elisabeth. Sie werden ein Wochenende bei ihrem Vater Joe verbringen.
Freitagnachmittag: Elisabeth packt die Kleidung, Spielsachen etc. ein, die Chris und Robin vermutlich benötigen werden. Dabei muss Elisabeth gedanklich vorwegnehmen, was Joe mit den Kindern wohl unternehmen wird. *„Woher soll ich das wissen? Muss ich das wissen? Will ich das wissen?"*
Was werden Chris und Robin benötigen? Schwimmsachen? Reitkappen? Schneehosen? Und wie wird das Wetter? Haben sie Regenjacken? Sonnencreme? *„Warum kann Joe nicht selbst Regenjacken und Sonnencreme für seine Söhne kaufen?"*
Elisabeth ärgert sich, dass sie sich darum kümmern muss, obwohl doch Joe es ist, der mit Chris und Robin ein schönes Wochenende verbringen will.
Samstagfrüh: Joe will weder ins Schwimmbad, noch zum Reiten gehen *„Ich lasse mir doch nicht vorschreiben, was ich in den wenigen Tagen, die ich mit den Jungs habe, machen will!",* sondern im Garten spielen. Er sucht vergeblich nach alter Kleidung, die dreckig werden kann und nach festen Schuhen. Stattdessen findet er Badesachen und Reitklamotten. Joe ärgert sich, dass er darauf angewiesen ist, dass Elisabeth den Kindern die richtigen Sachen einpackt... *„Nicht einmal dazu ist sie in der Lage",* er vermutet sogar böse Absicht dahinter.
Sonntagabend: Chris und Robin kommen nachhause und erzählen von einem schönen Wochenende, dass sie ein Baumhaus gebaut haben und abends gegrillt. *„Typisch, ich muss mich von Montag bis Freitag um den straffen Alltag der Kinder kümmern, während Joe mit ihnen ausschlafen kann, es lustig hat und im Garten grillt."*
Die Taschen sind voller schmutziger Kleidung *„Warum bin eigentlich immer ich für den Dreck zuständig? Hat Joe denn keine Waschmaschine?"* und teilweise zerrissen *„die habe ja auch ich bezahlt!"*
Elisabeth ist wütend auf Joe, wütend auf ihre Lebenssituation und kann die Freude von Chris und Robin über ihr Papa-Wochenende nicht teilen ...

Selbst ein hier nachgezeichneter gewöhnlicher Wochenendkontakt im Residenzmodell erfordert also durchaus Kommunikation und Kooperation und birgt viele Konfliktquellen. „Sachen einpacken und bereitstellen", „Kleidung waschen und reparieren" bzw. „Kleidung kaufen und bezahlen" sind im Wechselmodell übrigens keine Themen, über die kommuniziert oder gestritten werden müsste. In den meisten Lebensbereichen sind die Anforderungen an das Co-Parenting im Wechselmodell nicht höher als im Residenzmodell, in manchen sogar niedriger. Wenn Kinder von beiden Eltern aus die Schule besuchen, kann in diesem Bereich jedoch ein erhöhter Austausch zwischen den Eltern erforderlich sein.

Praxis-Tipps für Eltern mit schlechter Kommunikation

Für Eltern mit eher schlechter Kommunikation gibt es drei konkrete praktische Punkte, an denen sie im Wechselmodell ansetzen können. So gelingt eine Form des „Nebeneinanderher-Erziehens", die auch als „Parallele Elternschaft" bezeichnet wird und die zwar vielleicht nicht optimal ist, aber auch nicht schädlich für das Kindeswohl und schließlich reduziert oder verhindert „Parallele Elternschaft" häufig die Konflikte.

- **Schriftliche Information**, anstelle persönlichen Gesprächs, also Kommunikationswege wie E-Mail, SMS, WhatsApp, Brief als Informationskanal nutzen, um sich auszutauschen. Manche Eltern haben ein *„Übergabebuch"*, in das sie das Notwendige hineinschreiben. So wird auch weniger vergessen.
- **Gespräche und Übergabe trennen,** d. h. führen Sie keine Informationsgespräche beim Abholen/Bringen der Kinder. Beim Wechsel von einem Elternteil zum anderen sind alle aufgeregt und vielleicht etwas angespannt. Dies ist ein schlechter Zeitpunkt miteinander zu reden, was ganz besonders für „schwierige" Themen gilt. Beim Abholen oder Bringen sollten die Kinder im Mittelpunkt stehen, das Ankommen und Abschied nehmen – nicht der Austausch von Informationen. Es ist viel entspannter, am Abend nach der Übergabe in Ruhe zu telefonieren oder zu schreiben.
- Eltern können „Kommunikationsstress" reduzieren, indem sie sich die **Verantwortungsbereiche aufteilen.** Beispiele: Ein Elternteil ist für schulische Belange verantwortlich, einer für Fragen von Gesundheit und medizinischer Versorgung, einer kümmert sich um die Hobbies der Kinder, der andere um Einkauf von Bekleidung etc. Diese Aufteilung von Entscheidungsbefugnissen und Verantwortung kann lästige Diskussionen reduzieren. Auch in vielen zusammenlebenden Familien ist ein Elternteil für bestimmte Dinge „zuständig" und der andere kümmert sich nicht weiter darum. Oft genug sind die Mütter sogar für alle Belange der Kinder weitgehend verantwortlich, während sich die Verantwortung des Vaters in anderen Bereichen der Familie zeigt. Hier käme niemand auf den Gedanken, den Eltern die Kooperationsfähigkeit oder -bereitschaft abzusprechen.

4. Beherrschbares Konfliktniveau zwischen den Eltern

Eine häufige Empfehlung lautet: „*Kein Wechselmodell bei hohen Konflikten zwischen den Eltern*". Sind Konflikte nicht etwas ganz Normales, das in jeder Familie vorkommt? Haben nicht alle getrennt erziehenden Eltern irgendwelche Konflikte, wegen derer sie sich getrennt haben? Beim Thema Elternkonflikte muss man differenziert hinsehen. In der psychologischen Forschung deuten die vorliegenden Ergebnisse darauf hin, dass selbst hohe Konflikte *nicht* grundsätzlich gegen geteilte Betreuung sprechen. Empirisch lässt sich nicht belegen, dass Kinder im Wechselmodell unter den negativen Folgen elterlicher Konflikte mehr leiden würden als im Residenzmodell mit regelmäßigen Umgangskontakten. Es gibt aber auch keinen logischen Grund dafür, warum dies so sein sollte, denn die **Wahl des Betreuungsmodells schützt Kinder nicht vor Konflikten.** In manchen Lebensbereichen erfordert das Wechselmodell weniger Kommunikation und Kooperation als das Residenzmodell und ist daher auch weniger konfliktträchtig. Dagegen könnte vorgebracht werden, dass Eltern im Wechselmodell mehr Berührungspunkte haben, als im Residenzmodell, die Anlässe zu Streit geben könnten. Dies ist aber weder quantitativ noch qualitativ richtig:

• Die Übergabesituationen sind im Wechselmodell eher weniger, als im Residenzmodell bei regelmäßigen Besuchskontakten, oder gleich viele. Die Eltern müssen sich also nicht häufiger begegnen.
• Die Kooperationsnotwendigkeit ist im Wechselmodell auch nicht höher als im Residenzmodell (mit Ausnahme ggf. in schulischen Belangen), teilweise sogar niedriger.
• Grundsatzentscheidungen der gemeinsamen rechtlichen elterlichen Sorge müssen unabhängig von der Betreuungsform sowieso gemeinsam entschieden werden.

Ob und wie Ihre Kinder in Ihre elterlichen Konflikte einbezogen werden, hängt von der Art des Umgangs mit dem Konflikt zwischen Ihnen als Eltern ab und Ihrer Fähigkeit und Bereitschaft, die Konflikte von Ihren Kindern möglichst fernzuhalten. Entweder Ihre Kinder werden Zeugen der Konflikte oder ein Elternteil erzählt ihnen absichtlich und zielgerichtet darüber. Beides ist für Kinder nicht gut, aber es geschieht völlig unabhängig vom Betreuungsmodell.

> **Weniger die Konflikte selbst, als der Umstand ob und wie Kinder hineingezogen werden, ist ausschlaggebend für das Wohl der Kinder.**

Auch Eltern, die heute erhebliche Konflikte haben, sind vielleicht in einigen Jahren darüber hinweg. Aus dem Konfliktniveau der Eltern zum aktuellen Zeitpunkt sollten keine Schlussfolgerungen für die verbleibenden Jahre der Kindheit gezogen werden. Es darf bei der Entscheidung über das Betreuungsmodell nicht darauf ankommen, ob die Eltern *akut* hoch zerstritten sind oder nicht, sondern allein darauf, ob sie *in Zukunft* ihre Konflikte in den Griff bekommen werden.

„Hochkonflikt" bzw. „Hochstrittigkeit" ist ein Modewort. Nicht alle hochgradig streitenden Elternpaare sind „hochstrittige" oder „hochkonflikthafte" Fälle. Hier ist vor zu schnellem „Schubladendenken" zu warnen. Insbesondere ist „Hochstrittigkeit" nicht automatisch ein Ausschlussgrund für geteilte Betreuung, im Gegenteil: Wenn der Anlass des Konfliktes der Streit um elterliche Sorge oder um Betreuungszeit mit den Kindern ist, darf man von einer gleichmäßigen geteilten Betreuung erwarten, dass sie deeskalierend wirkt.

In der Fachliteratur werden als Merkmale für echte „Hochstrittigkeit" folgende Erscheinungen angesehen (Homrich et al. 2004, S. 174; Alberstötter 2004, 2006a, b; Walper et al. 2011), wobei nicht immer alle und nicht alle gleichzeitig auftreten müssen:

- Andauernde Schwierigkeiten zwischen den Eltern hinsichtlich der Kommunikation und Koordination der Erziehung der gemeinsamen Kinder
- Hoher Grad an Wut und Misstrauen zwischen den Eltern
- Offene sowie verdeckte Feindseligkeiten zwischen den Eltern
- Kindzentrierte Rechtsstreitigkeiten über Sorgerecht und Umgangsrecht sowie deren häufige Wiederaufnahme/Wiederholung
- Unfähigkeit/Unwilligkeit, kleinere Konflikte, die andere Paare alleine lösen können, ohne gerichtliche Hilfe zu lösen
- Schwere, nicht bewiesene Anschuldigungen über das Verhalten und die Erziehungspraktiken des Co-Elternteils: Vorwurf der Vernachlässigung, des Missbrauchs und der Belästigung der Kinder, Verdächtigung auf Kidnapping, häusliche Gewalt, Substanzmissbrauch (Alkoholismus, Drogen- und Medikamentenmissbrauch)
- Sabotage der Beziehung gemeinsamer Kinder zum jeweils anderen Elternteil
- Nichteinhaltung gerichtlicher oder außergerichtlich getroffener Regelungen
- Einbezug der Kinder, deren Bedürfnisse aus dem Blick geraten, in den elterlichen Konflikt
- Demütigung, Verleugnung, Schikane des Co-Elternteils
- Verbale und physische Gewalt bei Kontakten mit dem Co-Elternteil
- Ausweitung des Konfliktsystems, d. h. außenstehende Personen, wie Verwandte, Freunde, neue/r Partner/in etc., aber auch viele professionelle

Personen, wie Anwälte/innen, Therapeut/innen, Berater/innen etc. werden als „Helfer/in" in die Streitigkeiten einbezogen (-> Lagerbildung)
- Kinder werden in die Paarkonflikte und Rechtsstreitigkeiten einbezogen und instrumentalisiert
- Versuche der außergerichtlichen Einigung (Beratung, Mediation) schlagen fehl.

„Hochstrittigkeit" unterscheidet sich von normalen Konflikten durch die Konflikt*dauer* und die Konflikt*intensität*.

- Der Konflikt eskaliert insgesamt bei den normal streitenden Paaren weniger hoch.
- Der Konflikt bleibt bei normal streitenden Paaren kürzere Zeit auf dem Höhepunkt der Auseinandersetzungen.
- „Normale" Konflikte deeskalieren mit der Zeit, der Konflikt entspannt sich.

Das Schema (Abb. 2.2) zeigt den typischen Verlauf bei „normal strittigen" Paaren (blaue Kurve) und „hochstrittigen" Paaren (rote Kurve). Die Abbildung zeigt auf der senkrechten Achse die Konfliktintensität, auf der waagrechten Achse den Zeitverlauf. Hochkonflikt schießt etwas schneller in die Höhe, aber es gibt Punkte, da nimmt man im Verlauf kaum Unterschiede zum Normalkonflikt wahr. Der Hauptunterschied ist jedoch, dass „normal" streitende Paare irgendwann auch wieder „runterkommen" von ihrem Konflikt und Ruhe einkehrt, während hochstrittige sich auf hohem Konfliktniveau quasi ineinander verhaken und der Konflikt immer am Laufen gehalten wird. So kehrt oft über Jahre keine Ruhe ein. Es gibt Untersuchungen, wonach die Trennungskonflikte im Durchschnitt nach zwei Jahren durchgestanden sind. Bei „Hochstrittigen" hingegen kann der Konflikt im schlimmsten Fall zur „Lebensaufgabe" werden.

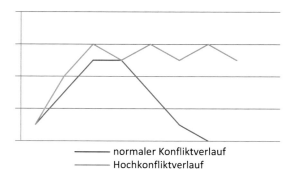

—— normaler Konfliktverlauf
—— Hochkonfliktverlauf

Abb. 2.2 Schematischer Verlauf von „normalem" und „hochstrittigem" Paarkonflikt

Häufig wirkt im Hintergrund von „Hochstrittigkeit" eine **psychische Erkrankung** eines Elternteils (oder beider Eltern), z. B. eine Borderline-Störung oder eine narzistischen Persönlichkeitsstörung. In diesen Fällen kann es sein, dass ein Elternteil (oder beide) tatsächlich langfristig nicht dazu in der Lage ist, mit dem anderen Elternteil zusammen elterliche Verantwortung auszuüben. *Turkat* sprich von einem *„Shared parenting dysfunction syndrom"* (2002), also dem klinischen Befund einer dysfunktionalen Störung, die es unmöglich macht, Elternschaft mit einem Co-Elternteil zu teilen. In diesen Fällen ist jedoch auch ein Residenzmodell mit Besuchskontakten fragwürdig und häufig wird ein erkrankter Elternteil zur Betreuung seines Kindes überhaupt nicht oder nur eingeschränkt im Stande sein. Aber: Hochstrittigkeit betrifft eine sehr kleine Gruppe von ca. 5 % der Trennungseltern. Umgekehrt bedeutet das, dass ca. *95 % der Trennungseltern nicht hochstrittig sind* – auch wenn sie vorübergehend heftige Konflikte austragen.

Elternkonflikt und „Hochstrittigkeit" als Prozessstrategie
„Hochstrittigkeit" kann auch Teil einer rechtlichen Strategie sein, um den anderen Elternteil aus dem Kontakt mit den Kindern heraus zu drängen. In der psychologischen Fachliteratur wird davor gewarnt, bei „Hochstrittigkeit" die Zeit eines Elternteils mit dem Kind zu beschränken. Dieses Vorgehen würde den Streit inszenierenden Elternteil belohnen, der den anderen durch Konflikte aus seiner Elternrolle herausdrängen möchte und damit ein falsches Signal setzen. Leider ist diese Prozesstaktik häufig erfolgreich. Stattdessen sollten Eltern darin unterstützt werden, ihre Konflikte besser zu managen.

> Mitunter ist ein hohes Konfliktniveau zwischen den Eltern Prozesstaktik: Dann werden zulasten der Kinder und beschuldigter Eltern Konflikte erst provoziert, um hinterher zu argumentieren, man müsste die Kinder vor eben diesen Konflikten schützen und rechtfertigt damit den Ausschluss des anderen Elternteils aus der elterlichen Verantwortung.

Praxis-Tipps für Eltern mit hohem Konfliktniveau
Eltern mit hohem Konfliktniveau benötigen
- eine **detaillierte Betreuungsregelung** (Zeitplan) mit genau gleicher Betreuungszeit
- ggf. eine **Aufteilung der Verantwortungsbereiche** der elterlichen Sorge
- **neutrale** oder **begleitete Übergabe** der Kinder
- **Beratung** oder ggf. **Therapie**

Deeskalation durch das Wechselmodell
Gerade der Gang zu Gericht verschärft häufig die Auseinandersetzungen. Wenn der „Kampf um das Sorgerecht" zu einem Aufschaukeln des Konfliktes führt, kann die Absage an die Möglichkeit diesen Kampf zu gewinnen, den Konflikt entschärfen. Häufig ist es die Angst, den Kontakt zum eigenen Kind zu verlieren, die den elterlichen Konflikt in die Höhe treibt. Das Wechselmodell kann dann als Kompromiss gut funktionieren. Wenn der Konflikt infolgedessen deeskaliert, wird auch das Co-Parenting wieder besser werden.

Entscheidung für die Wahl eines Betreuungsmodells bei hohem elterlichen Konfliktniveau
Ob Eltern, die aktuell durch heftige Konflikte verbunden sind, geteilte Betreuung praktizieren können, hängt von mehreren Fragen ab, die eine stufenweise Entscheidung ermöglichen:

1. Betrachten Sie die **Konfliktqualität** und das **Konfliktausmass,** sowie die **Konfliktdauer.** Anhand der oben genannten Kriterien können Sie feststellen, ob es sich um „Hochstrittigkeit" handelt oder eher um einen „normalen Trennungskonflikt".
2. Bei einem „normalen Trennungskonflikt" kann geteilte Betreuung im Wechselmodell praktiziert werden, unter vier **Rahmenbedingungen:**

   a. Sie brauchen einen detaillierten Betreuungsplan, der keinen Raum für Diskussionen lässt. Vereinbaren Sie möglichst wenig Wechsel und eine möglichst paritätische, d.h. gleichmäßige Zeitverteilung zwischen den Eltern.
   b. Vereinbaren Sie eine neutrale Übergaberegelung mit neutralen oder begleiteten Wechseln.
   c. Exakte Verantwortungs- bzw. Entscheidungsregelungen vermeiden Konflikte. Unter Umständen kann (vorübergehend?) eine Übertragung der Entscheidungsbefugnisse auf einen Elternteil oder auf die Kinder-/Jugendbehörde erfolgen.
   d. Beide Eltern benötigen psychologische Hilfe/Unterstützung/Beratung bei der Umsetzung des Betreuungsplans.

3. Bei „Hochstrittigkeit" sollte abgeklärt werden, ob eine **psychische Erkrankung** eines Elternteils (oder beider) vorliegt. Wenn eine psychische Erkrankung diagnostiziert wird, muss im Einzelfall geprüft werden, ob und wie umfangreich der betroffene Elternteil sein Kind betreuen kann. Wenn eine geteilte Elternschaft unmöglich ist, muss hier ein Residenzmodell mit möglichst funktionierenden Besuchskontakten versucht werden.

4. Wenn keine psychische Erkrankung einen Elternteil in seiner Betreuungs- und Kooperationsfähigkeit einschränkt, ist die nächste Frage: Über welches **Streitthema** sind die zentralen Konflikte entbrannt? Sind es Fragen der elterlichen Sorge und des Umgangs, so kann ein Wechselmodell (unter Beachtung der Punkte aus 2 a bis c) deeskalierend wirken.

5. Sind die Konflikte (auch) über andere Themen entbrannt, so stellt sich die Frage nach den **persönlichen Ressourcen** der Eltern, diese Konflikte in den Griff zu bekommen oder sogar zu lösen. Nur wenn hier wenig oder keine Ressourcen vorhanden sind, die Hoffnung auf Konfliktbeilegung erlauben, kann es sein, dass ein Wechselmodell nicht funktioniert und ein Residenzmodell versucht werden muss. Solange jedoch Arbeit an der Konfliktlösung erfolgen kann, ist eine Betreuung im Wechselmodell unter Beachtung der Punkte aus 2 a bis c grundsätzlich möglich.

Das nachfolgende Schaubild (Abb. 2.3; Sünderhauf 2013, S. 123) zeigt den Verlauf der beschriebenen Überlegungen und den Entscheidungsweg.

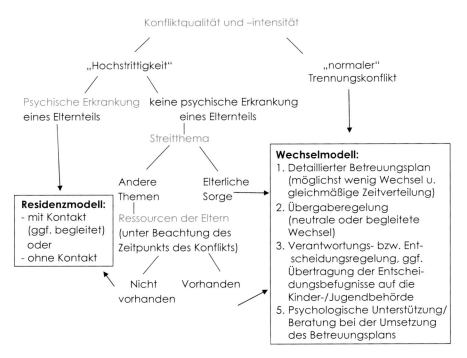

Abb. 2.3 Entscheidung für die Wahl eines Betreuungsmodells bei hohem elterlichen Konfliktniveau

2.9   Mitsprache der Kinder

Die Frage der Mitbestimmung ist eine Frage des Respekts vor der kindlichen Selbstbestimmtheit. Trotzdem dürfen Eltern nicht ihre Entscheidungsverantwortung auf die Kinder abwälzen. Psycholog/innen raten grundsätzlich davon ab, Kinder zu ihren Betreuungspräferenzen zu befragen, insbesondere ihnen die Frage „Mama oder Papa?" zu stellen. Das führt Kinder in Loyalitätskonflikte und erzeugt Schuldgefühle, da sie so oder so einen Elternteil verraten müssen, was Kindern durch Betreuung im Wechselmodell erspart werden kann. Bei der Frage, wie weitgehend Wünsche der Kinder bei der Entscheidung über ihre Betreuung Berücksichtigung finden sollen, ist zwischen der Entscheidung für ein Betreuungs*modell* und der konkreten Ausarbeitung des Betreuungs*planes* sowie seiner Durchführung zu unterscheiden.

Entscheidung über die *Wahl* des Betreuungs*modells*
Wenn Sie ein Wechselmodell erwägen, erklären Sie Ihren Kindern in altersangemessener Sprache, was das bedeutet und fragen Sie, ob sie sich vorstellen können, das Wechselmodell auszuprobieren. Mit kleineren Kindern kann man beispielsweise das Bilderbuch „Ich hab euch beide lieb" von Claire Masurel (2016) ansehen. Danach können sie sich besser vorstellen, was es bedeutet, in zwei Wohnungen zu leben. Die meisten Kinder werden halbe-halbe als einleuchtend und gerecht empfinden. Sollten Kinder mit einem Wechselmodell nicht einverstanden sein, fragen Sie nach ihren Gründen. Dabei ist ein altersentsprechender Dialog mit Ihren Kindern zu suchen, sind ihnen die Alternativen zu erklären und ihre Bedürfnisse und Wünsche zu erfragen. Zu jeder Zeit sollte jedoch deutlich sein, dass nicht Ihre Kinder die Entscheidung treffen müssen, sondern Sie als Eltern (oder das Gericht). Erklären Sie Ihren Kindern, dass sie zwar ein *Mitspracherecht* haben, im Sinne einer Anhörung ihrer Wünsche und Beteiligung an der Planung, aber kein *Entscheidungsrecht,* das bei Ihnen als Eltern liegt. Bei älteren Kindern kann man eine Probezeit vereinbaren, um ein Wechselmodell auszuprobieren.

Sommers sagen es ihren Kindern

Martin und Anna haben Paulinchen und Freddy zu sich aufs Sofa geholt: Martin sagt: „Mama und Papa streiten in letzter Zeit so viel, dass sie nicht mehr zusammenleben möchten und Papa zieht in zwei Wochen in eine Wohnung hier in der Nähe. Wir haben uns überlegt, dass es für euch am besten wäre, wenn ihr eine Woche bei Mama wohnt und eine Woche bei Papa. Dann habt ihr mit jedem von uns ganz viel Zeit und müsst euch nicht zwischen Mama oder Papa entscheiden." Anna sagt: „Ich glaube auch, dass das für uns alle am besten ist". Freddy diskutiert mit seinen Eltern, ob sie sich nicht doch wieder vertragen könnten, dann rennt er in sein Zimmer, knallt die Türe zu und weint. Paulinchen schweigt. Sie sitzt noch lange auf Annas Schoß und am Abend lässt sie Martins Hand erst los, als sie eingeschlafen ist.

Entscheidung über die *Durchführung* des Betreuungsmodells

Wenn Sie sich für das Wechselmodell entschieden haben, muss zwischen der Aufstellung des Betreuungsplanes einerseits und dessen Durchführung, d. h. ggf. Abweichung vom Plan, unterschieden werden.

Mitsprache bei der Aufstellung des Betreuungsplanes

Bei der Aufstellung des Betreuungsplanes sind Bedürfnisse, Wünsche und Termine Ihrer Kinder ebenso einzubeziehen, wie die der Eltern und in einen praktikablen Ausgleich zu bringen. Hierbei ist wichtig, dass Ihre Kinder zwar Vorschläge machen können, die ernsthaft beherzigt werden, die Entscheidung aber bei den Eltern bleibt. Studien haben ergeben, dass jüngere Kinder zuverlässige Wechselfrequenzen schätzen, weil sie ihnen Sicherheit und Orientierung vermitteln, während ältere Kinder (ab ca. 10 Jahren) am zufriedensten mit dem Wechselmodell sind, wenn sie die Wechsel flexibel handhaben können.

Mitsprache bei der Abweichung vom Betreuungsplan

Bei der Frage, ob Betreuungspläne eher „flexibel" oder „rigide" gehandhabt werden sollen, muss im Einzelfall pädagogisch entschieden werden. Hierbei ist es sinnvoll nach den Gründen zu differenzieren:

- Gründe **für** eine **Betreuungsplanänderung** können Wünsche der Kinder sein, bei einem Elternteil etwas mit zu erleben, was beim anderen nicht geht, zum Beispiel kommt Besuch, den sie treffen möchten oder ein Elternteil hat Geburtstag und sie wollen an diesem Tag bei ihm sein. Für Kinder können es auch kleine Dinge sein, die ihnen wichtig sind (z. B. die Katze bekommt Junge). Hier würde es dem Kind guttun, seinem Wunsch zu entsprechen.

- Situationen, die **gegen** eine **Betreuungsplanänderung** sprechen sind solche, in denen Ihre Kinder „ausweichen". Beispiele: Es kommt Besuch, den Ihr Kind nicht mag; es gab mit einem Elternteil Streit und Ihr Kind will deswegen zum anderen Elternteil oder ein Elternteil hat etwas verboten, was der andere erlauben würde. Hier wäre es pädagogisch nicht ratsam, dem Wunsch Ihres Kindes nachzugeben, denn es muss lernen, mit unwillkommenen Besuchern umzugehen, Streit auszuhalten und Verbote der Eltern zu respektieren.

> **Praxis-Tipp für Eltern, wenn Kinder den Betreuungsplan ändern wollen**
>
> Eine „Testfrage" für Eltern kann lauten: Wie wäre es, wenn die Eltern zusammenleben würden? Dann wären die Kinder natürlich am Geburtstag ihrer Eltern da, würden den willkommenen Besuch sehen und miterleben und sie wären dabei, wenn die Katze Junge bekommt. Sie könnten umgekehrt aber auch nicht weggehen, wenn sie einen gruseligen Film zuhause nicht sehen dürfen oder wenn Besuch kommt, den sie nicht mögen.

> **Zusammenfassung**
>
> Bei der Entscheidung zwischen Wechselmodell und Residenzmodell kann davon ausgegangen werden, dass meist ein Wechselmodell dem natürlichen Wunsch der Kinder entspricht. Sollten sie sich im Einzelfall dagegen aussprechen, ist ihren Gründen und Motiven nachzugehen. Bei der Aufstellung des Betreuungsplans sind die Vorstellungen und Wünsche der Kinder zu berücksichtigen. Bei dem Wunsch, vom Plan abzuweichen, sind die Gründe des Kindes bzw. der Anlass für die Änderung für eine pädagogisch sinnvolle Entscheidung maßgeblich.

2.10 Mitwirkung der Kinder- und Jugendbehörden

Kinder- und Jugendbehörden müssen in die Entscheidung über die Betreuung Ihrer Kinder *nicht* einbezogen werden. Ihre Beteiligung ist nicht vorgesehen (Deutschland: Jugendamt; Österreich: Kinder- und Jugendhilfe; Schweiz: Kinder- und Erwachsenenschutzbehörde – KESB). Es gibt bei den Behörden jedoch staatliche **Beratungsangebote** für Eltern in Trennung. Mancherorts gibt es auch Beratungsangebote von Vereinen oder den Kirchen. Wenn stimmt, was mir viele Eltern schreiben, wird man in den Beratungsstellen nicht immer optimal beraten. Viel zu häufig scheint die persönliche Überzeugung und das Geschlechter- und Familienbild der

Fachperson für ihre Haltung zum Wechselmodell maßgeblich, oftmals auch geprägt durch eigene Lebenserfahrungen.

Sorgeberechtigte Eltern können prinzipiell **jede Betreuungsform wählen,** solange sie nicht das Kindeswohl gefährdet. Diese können sie einvernehmlich bestimmen und mit Hilfe von Beratung und Mediation ihre individuellen Vorstellungen dazu zu entwickeln. Es gibt keine staatlichen Vorgaben oder Kontrollen, solange sich niemand bei den Jugendbehörden oder einem Gericht beschwert. Weder in Deutschland, noch in Österreich oder in der Schweiz ist eine Mitwirkung staatlicher Stellen für die Vereinbarung eines Wechselmodells erforderlich. Es muss auch nirgends angezeigt oder gemeldet werden, wie man die Kinderbetreuung untereinander organisiert.

Wird die geteilte Betreuung im Rahmen einer Trennungs- oder Scheidungsvereinbarung oder eines gerichtlichen Vergleichs vereinbart, gelten die jeweiligen Rechtsvorschriften des Landes, jedoch ist die gerichtliche Genehmigung einer solchen Vereinbarung in allen drei Ländern grundsätzlich möglich.

Sommers haben sich entschieden, aber …

Anna und Martin wollen ein Wechselmodell versuchen. Doch nun stellen sich Fragen über Fragen: Welche rechtlichen Folgen hat das jeweils für sie? Wird es Paulinchen und Freddy wirklich gut gehen damit? Wie sollen sie das Wechseln konkret umsetzen … Zunächst entscheiden sie, dass Anna erst einmal in der bisherigen Wohnung bleibt und sich Martin eine neue Wohnung in der Nähe suchen wird. Sie lassen sich außerdem einzeln von einem Rechtsanwalt/ einer Rechtsanwältin beraten und fragen Eltern, die mit geteilter Betreuung Erfahrung haben: Wie soll das konkret im Alltag gehen?

Literatur

Alberstötter, U. (2004). Hocheskalierte Elternkonflikte – professionelles Handeln zwischen Hilfe und Kontrolle. *Kind-Prax, 3,* 90–99.

Alberstötter, U. (2006a). Wenn Eltern Krieg gegeneinander führen. In M. Weber & H. Schilling (Hrsg.), *Eskalierte Elternkonflikte. Beratungsarbeit im Interesse des Kindes bei hoch strittigen Trennungen* (S. 29–51). Weinheim: Juventa.

Alberstötter, U. (2006b). Kooperation als Haltung und Strategie bei hoch strittigen Elternkonflikten. In M. Weber & H. Schilling (Hrsg.), *Eskalierte Elternkonflikte. Beratungsarbeit im Interesse des Kindes bei hoch strittigen Trennungen* (S. 177–198). Weinheim: Juventa.

Amato, P., & Dorius, C. (2010). Fathers, children and divorce. In Michael E. Lamb (Hrsg.), *Role of the father in child development* (S. 177–200). Hoboken: John Wiley & Sons Inc.

Amato, P., & Gilbreth, J. (1999). Nonresident fathers and children´s well-being: A meta-analysis. *Journal of Marriage and the Family, 61,* 557–573.

Bergström, M., Fransson, E., Fabian, H., Hjern, A., Sarkadi, A., & Salari, R. (2017). Preschool children living in joint physical custody arrangements show less psychological symptoms than those living mostly or only with one parent. *Acta Paediatrica, 107,* 294–300.

Hancioglu, M. (2014). *Alleinerziehende und Gesundheit – die Lebensphase „allein-erziehen" und ihr Einfluss auf die Gesundheit,* Dissertation University Bochum

Homrich, A., Muenzenmeyer Glover, M., & Blackwell White, A. (2004). Program profile. The court care center for divorcing families. *Family Court Review, 41*(4), 141–161.

Irving, H., Benjamin, M., & Trocme, N. (1984). Shared parenting: An emperical analysis utilizing a large data base. *Family Process, 23,* 561–569.

Kelly, J. (2007). Children´s living arrangements following separation and divorce: Insights from empirical and clinical research. *Family Process, 46*(1), 35–52.

Masurel, C. (2016). *Ich hab euch beide lieb* (6. Aufl.). Gießen: Verlag Brunnen.

Max-Planck-Institut für demografische Forschung Rostock. *Alleinerziehende sind häufiger krank,* vgl. Spiegel online vom 22.12.2016.

Nielsen, L. (2011). Shared parenting after divorce: A review of shared residential parenting research. *Journal of Divorce & Remarriage, 52,* 586–609.

Pototschnig, A. (2012). *Auf Augenhöhe Eltern bleiben. Abschied vom Mythos der Täter-Väter und Opfer-Mütter.* Wien: Ibera Verlag.

Smart, C. (2004). Equal shares: Rights for fathers or recognition for children? *Critical Social Policy, 24,* 484–503.

Sünderhauf, H. (2013). *Wechselmodell: Psychologie – Recht – Praxis.* Wiesbaden: Springer VS.

Turkat, I. (2002). Shared Parenting Dysfunction. *The American Journal of Family Therapy, 30,* 385–393.

Walper, S., Fichtner, J., & Normann-Kossak, K. (Hrsg.). (2011). *Hochkonflikt-hafte Trennungsfamilien Forschungsergebnisse, Praxiserfahrungen und Hilfen für Scheidungseltern und ihre Kinder.* Weinheim: Juventa.

3

Umsetzung: Wie können wir das Wechselmodell im Alltag leben?

© Katharina Kravets

© Springer Fachmedien Wiesbaden GmbH, ein Teil von Springer Nature 2020
H. Sünderhauf, *Praxisratgeber Wechselmodell,*
https://doi.org/10.1007/978-3-658-27210-4_3

Sommers brauchen Beratung in Detailfragen

Nachdem sich Martin und Anna für eine Wechselmodellbetreuung entschieden haben, merken sie, dass es noch viele Details zu besprechen gibt. Jede/r aus ihrem Freundeskreis oder der Familie, mit dem sie reden, hat einen „klugen Ratschlag" oder äußert Bedenken, sodass sie schon ganz verunsichert sind, ob das für Pauline und Freddy wirklich eine gute Entscheidung ist? In der Beratung hören sie, dass sie sich über die Punkte Wechselturnus, die Übergänge der Kinder zwischen den Eltern (Abholen/Bringen), den Informationsfluss zwischen den Eltern, Paulinchens und Freddys Gepäck, die Handhabung von Zwischendurchkontakten und eine mögliche Probezeit informieren sollen und sich Gedanken dazu machen.

3.1   Der Wechselturnus

Am häufigsten wird das Wechselmodell nach dem Schema „Eine Woche Mama – eine Woche Papa", also im wöchentlichen Turnus praktiziert, aber es gibt noch viele andere Möglichkeiten.

1. Bestimmung der Wechselfrequenz
Welchen Wechselturnus Sie wählen sollten, hängt von unterschiedlichen Faktoren ab (Abb. 3.1):

Aspekte der Kinder

- Anzahl und Alter
- Betreuungswünsche
- Kindertagesbetreuung oder Schule
- Freizeitaktivitäten
- Selbstständigkeit bei der Übergabe

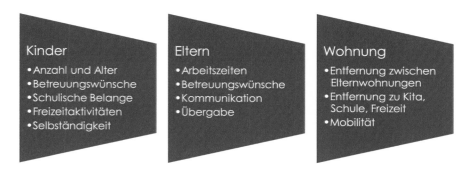

Abb. 3.1   Den Wechselturnus bestimmende Faktoren

Aspekte der Eltern

* Arbeitszeiten
* Betreuungswünsche
* Kommunikation untereinander
* Anforderungen an die Übergabesituation

Aspekte der Wohnlage

* Entfernung zwischen den elterlichen Wohnungen
* Entfernung von dort zu zum Kindergarten, zur Schule und ggf. zu Freizeitaktivitäten
* Mobilität der Kinder

Wechselfrequenzen können sich im Wechselmodell gravierend unterscheiden. In der Literatur wird von Fallbeispielen mit ½-täglichen bis hin zu jährlichen Wechseln berichtet – dazwischen liegt eine große Bandbreite individueller Lösungen. Die folgenden Empfehlungen können nur Anhaltspunkte sein, welche Sie durch individuelle Betrachtung, Analysen und Einschätzungen der Gegebenheiten im konkreten Fall anpassen müssen. Es gibt nicht *den* einen richtigen Betreuungsplan, der für alle Familien passt, sondern nur den Betreuungsplan, der aktuell für Ihre Familie *am besten geeignet* erscheint.

Je nach Turnus haben Sie und Ihre Kinder längere oder kürzere Zeit miteinander und kürzere Zeiten haben häufigere Wechsel zur Folge. Wenn Sie ein Elternpaar mit eher hohem Konfliktniveau und schlechter Kommunikation sind, sollten Sie lieber längere Betreuungszeit und damit weniger Wechsel vereinbaren.

Alle in der Literatur ausgesprochenen Empfehlungen zu Wechselfrequenzen basieren auf allgemeinen Erkenntnissen der psychologischen Bindungsforschung, nicht aus konkreten Erfahrungen mit dem Wechselmodell. Sie gehen dabei von der Überlegung aus, wie lange ein Kind, je nach Alter, die Trennung von seinen primären Bezugspersonen gut vertragen kann. Diese Zeitspanne steigt mit zunehmendem Alter, sodass sich eine progressive Ausweitung der Verweildauer beim jeweiligen Elternteil ergeben und die Häufigkeit der Wechsel folglich abnehmen kann. Hat Ihr Kind bereits zwei gleichwertige Bezugspersonen und gleich intensive Bindungen an beide Eltern oder soll es diese von Geburt an entwickeln, können Sie von Anfang an halbe-halbe betreuen und nur die Frage der Häufigkeit der Wechsel ist zu regeln.

Bei kleinen Kindern geht man davon aus, dass wegen des **kindlichen Zeitempfindens** sieben Tage ein zu langer Zeitabstand zwischen den Wechseln sind. Stattdessen orientiert man sich grob an der Faustregel „Lebensalter = maximale Anzahl von Tagen am Stück bei einem Elternteil". Das würde heißen: tägliche Kontakt bei einem einjährigen Kind, alle zwei Tage wechseln bei einem 2-Jährigen, alle drei Tage bei einer 3-Jährigen usw. Allerdings können auch kleinere Kinder bereits fünf bis sieben Tage am Stück Ferien bei einem Elternteil verbringen, und ich kenne Kindergartenkinder, die gut mit wöchentlichen Wechseln zurechtkommen. Auf der anderen Seite kenne ich Teenager, die täglich wechseln. Sie wollen es so, weil sie dann keinen Elternteil vermissen müssen und sich immer sagen können: „Morgen sehen wir uns wieder!" Täglichen Wechsel können Sie jedoch nur praktizieren, wenn Ihre Wohnungen ziemlich nahe beieinander liegen.

Die bisherige Betreuung (vor der Trennung) ist ein wichtiger, entscheidungsrelevanter Punkt. Das von der schwedischen Regierung 2002 eingesetztes Komitee zur Evaluation des Wechselmodells hat in seinem Abschlussbericht bewusst davon abgesehen, eine untere Altersgrenze für die Empfehlung des Wechselmodells zu benennen. Zur Begründung heißt es, auch für ein älteres Kind, das bislang ausschließlich bei einem Elternteil gelebt hatte, ohne Kontakt zum anderen Elternteil, könne sich eine abrupte Betreuungsveränderung hin zu einem Wechselmodell ungünstig auswirken. Andersherum könnten aber auch jüngere Kinder, die bislang mit beiden Eltern lebten und von beiden betreut wurden, schon unter drei Jahren sehr gut im Wechselmodell betreut werden.

Die folgende Übersicht (Tab. 3.1) kann nur eine grobe Empfehlung sein – zu viele individuelle Bedingungen spielen in Ihre Entscheidung über den Wechselturnus hinein.

Tab. 3.1 Wechselturnus nach Alter des Kindes

Alter des Kindes	Wechselturnus	Ferienzeiten
Kleinkind 0 bis 2 Jahre	Tägliche Kontakte, später je 2–3 Tage	Je 3–5 Tage
Kindergartenkind 3 bis 5 Jahre	3–5 Tage z. B. 3:3:4 Tage	Je 5–7 Tage
Grundschulkind 6 bis 9 Jahre	7 Tage-Wechsel	Je 7–14 Tage
Schulkind 10 bis 12 Jahre	Wöchentlicher Wechsel	Hälftige Ferienzeiten
Teenager 13 bis 18 Jahre	Wöchentlicher oder 14-tägiger Wechsel	Hälftige Ferienzeiten

Sommers entscheiden über den Wechselturnus

Martin und Anna wollen Paulinchen, die zu beiden Eltern eine herzliche, enge
Bindung hat und bisher von beiden betreut wurde, von Anfang an im wöchentlichen Wechsel betreuen. Dafür spricht, dass Anna ab und an das Wochenende
bei ihren Eltern verbringen möchte und die Fahrt würde sich für ein oder zwei
Tage nicht lohnen. Martin möchte auch ab sofort den wöchentlichen Wechsel, weil Pauline bald in die Schule kommt und dann muss der Betreuungsplan
nicht wieder umgestellt werden. Allerdings nehmen sich Martin und Anna vor,
genau darauf zu achten, ob Pauline nach einigen Tagen vermehrt den anderen
Elternteil vermisst – denn dann müssten sie kürzere Betreuungswechsel vereinbaren. Sie erklären Paulinchen, dass sie von nun an immer freitags nach dem
Turnen zum anderen Elternteil wechseln wird. Darunter kann sich Paulinchen
jedoch noch nichts vorstellen, weil sie noch keine Idee davon hat, wo Papa
in Zukunft wohnen wird. Freddy soll auch wöchentlich wechseln. Er wünscht
sich, auch mal Zeit mit Papa allein zu haben, ohne seine Schwester. Damit das
möglich wird, wird vereinbart, dass das erste Wochenende im Monat Freddy zu
Papa geht und Pauline zu Mama. Im nächsten Monat wollen sie es umgekehrt
machen. Was jedoch noch ungelöst bleibt: Wo wohnt Oskar?

Vier weitere Gedanken zur „optimalen" Wechselfrequenz
Die empirische Forschung hat vielfach belegt, dass Eltern (Mutter *und*
Vater) mit dem Wechselmodell zufriedener sind als mit dem Residenz-
modell. Die in den Studien genannten Zufriedenheitsgründe sind einerseits
Folgen der abwechselnden Betreuung, nämlich keinen Kontaktverlust zum
Kind für beide Eltern und die Vereinbarkeit von Beruf, Familie und Freizeit.
Davon zu unterscheiden sind vier andere *Faktoren,* die die Zufriedenheit
innerhalb der vielen Möglichkeiten, ein Wechselmodell zu leben, steigern:

**„Optimale" Wechselfrequenzen, die individuell angepasst werden
können:** Ein wöchentlicher Wechsel dürfte für die Eltern *organisatorisch*
am einfachsten sein. Auch Kinder, deren Leben in einer Tagesbetreuung im
Wochenrhythmus organisiert ist, können wöchentliche Wechsel leicht ver-
innerlichen. Da auch viele Freizeitveranstaltungen wöchentlich stattfinden
(Musikstunden, Sportunterricht etc.), ist dies der unserem „Lebenstakt" am
ehesten entsprechende Rhythmus. „Eine Woche Mama, eine Woche Papa"
ist daher auch die am meisten verbreitete Praxis des Wechselmodells.
    Die US-amerikanische Psychologin *Williams* hat 1991 eine empirische
Arbeit über den Zusammenhang von elterlicher Kommunikation, Wechselfrequenz und Zufriedenheit veröffentlicht. Sie rät aus Sicht der Eltern zu
mittleren Wechselfrequenzen, d. h. 3–5 Tage bei jedem Elternteil, und zwar
unabhängig vom Kommunikationsniveau der Eltern. Als Begründung gibt
Williams an, mittlere Wechselfrequenzen ermöglichten ausreichend intensive
Zeit mit dem Kind zu erleben, ohne sich überlastet zu fühlen und zugleich
ausreichende „Erholungspausen". Als Erklärung für die Unzufriedenheit

mit längeren Wechselabständen vermutet sie Überbelastungen des erwerbstätigen, betreuenden Elternteils. Insbesondere bei schwacher Kommunikation zwischen den Eltern ist die Zufriedenheit nach Williams bei mittlerer
Wechselfrequenz am höchsten. Dies lasse sich damit erklären, dass häufigere Wechselfrequenzen mehr Wechsel/Übergänge erfordern, die den Eltern
Absprachen und evtl. auch Begegnungen abverlangen, was bei einem
schlechten Verhältnis zwischen den Eltern zu Konflikten führen kann. Bei
längeren Zeitabstanden hingegen würden die Eltern „nervös", wenn sie zu
lange nichts vom Co-Elternteil oder von den Kindern hören.

Der Wunsch nach „gerechter" Verteilung der Zeit mit den Kindern: Es
gibt Studien die empirisch nachweisen, dass ein Wechselmodell mit gleicher Zeitverteilung dem Kindeswohl besser dient, als eine Betreuung mit
ungleicher Zeitverteilung. Das Gerechtigkeitsempfinden von Eltern und
Kindern ist dabei ein nicht unbedeutender Aspekt und die Halbteilung der
Zeit ein Ausdruck der gleichberechtigten elterlichen Verantwortungsüber-
nahme. Nach einer Meta-Analyse ist die Zufriedenheit der Eltern bei einer
sehr hohen bis halbteiligen Betreuungszeitverteilung im Wechselmodell am
höchsten, was ebenfalls für eine paritätische Zeitverteilung spricht (Bauserman 2002). Im Einzelfall können bei Ihnen natürlich individuelle Bedürfnisse eine Abweichung vom „Halbe-Halbe-Grundsatz" bedingen.

Wunsch nach Selbstbestimmtheit: In einer kanadischen Studie zeigten sich
diejenigen Eltern zufriedener, die eine Wechselmodellvereinbarung ohne
anwaltliche Hilfe getroffen hatten, sich auch auf mündliche Absprachen
mit dem anderen Elternteil verließen und deren individuellen Wünsche im
Betreuungsplan Niederschlag gefunden hatten (Irving et al. 1984). Insofern
kann wechselseitiges Entgegenkommen hinsichtlich der Planungsbedürfnisse
des Co-Elternteils die Zufriedenheit beider Eltern stärken und damit die
Wahrscheinlichkeit des Gelingens des Wechselmodells erhöhen.

Flexibilität im Umgang mit der Betreuungsvereinbarung: Der Grad an
Flexibilität der Handhabung des Betreuungsplanes hängt von mehreren Faktoren ab. Einerseits der Verständigungsmöglichkeit der Eltern untereinander,
andererseits aber auch vom Alter der Kinder: kleine Kinder brauchen einen
festeren Wechselrhythmus, größere Kinder hingegen profitieren von einem
flexiblen Umgang mit dem Betreuungsplan.

Im Folgenden werden für die jeweiligen Altersstufen Erwägungen und
Empfehlungen zusammengestellt. Bei Babys und Kleinkindern wird zwischen
dem ersten Lebensjahr (2.) und dem zweiten bis dritten Lebensjahr (3.) unterschieden. Es folgen Kindergartenkinder (4.), Schulkinder (5.) und Teenager (6.).

2. Wechselmodell im ersten Lebensjahr (ab Geburt bis ca. 1 Jahr)

Im ersten Lebensjahr müssen vor der Entscheidung über einen Betreuungsplan im Wechselmodell folgende Fragen beantwortet werden: Haben Sie schon bei der Geburt des Kindes getrennt gelebt und möchten Sie von Geburt an paritätisch betreuen? Oder soll zunächst ein Elternteil (meist die Mutter) die überwiegende Betreuung übernehmen und der andere Elternteil sich langsam ansteigend an der Betreuung beteiligen? Wenn Sie mit dem Co-Elternteil zunächst zusammengelebt hatten und sich im ersten Lebensjahr Ihres Kindes trennen: Haben Sie bisher beide das Baby gleichberechtigt und im ungefähr gleichen Umfang betreut? Oder hat bisher ein Elternteil die überwiegende Betreuung geleistet?

Je nachdem ergeben sich zwei Möglichkeiten:

1. Sie und der Co-Elternteil betreuen von Geburt an zu gleichen Teilen, so dass von Anfang an eine gleich enge Bindung an beide Eltern wachsen kann. Aus Gründen des Bindungsaufbaus ist diese Variante vorzuziehen. In der Praxis kann dies aber zum Beispiel an Ihren beruflichen Verpflichtungen, den gesetzlichen Mutterschutzfristen und Elternzeitregelungen oder Ihren Stillgewohnheiten scheitern.
2. Zunächst übernimmt ein Elternteil die überwiegende Betreuung (in den meisten Fällen wird dies die Mutter sein) und die Zeitanteile des Co-Elternteils (vermutlich des Vaters) steigen im ersten Lebensjahr kontinuierlich an, bis seine Betreuung im Wechselmodell erreicht ist.

Einige Psycholog/innen empfehlen im ersten Lebensjahr, *wenn* die Mutter die Hauptbetreuungsleistung übernimmt und folglich die Hauptbezugsperson für ein Kind ist, noch keine Übernachtungen beim Vater und das Kind stattdessen jeden zweiten Tag für ca. 3 bis 4 Stunden in die Obhut des Vaters zu geben (Abb. 3.2, schraffierte Zeitfenster für den Vater (Mo./Mi./Fr./So.), die überwiegende Zeit ist das Kind bei der Mutter). In der nächsten Woche wären es dann nur drei Kontakte mit dem Vater, an den anderen Tagen (Di./Do./Sa.). (Abb. 3.2.).

Uhrzeit	Montag	Dienstag	Mittwoch	Donnerstag	Freitag	Samstag	Sonntag
8-10							
10-12							
12-14							
14-16							
16-18							
18-20							
ab 20 (Nacht)							

Abb. 3.2 Eine Hauptbetreuungsperson und jeden zweiten Tag Betreuungskontakte des Co-Elternteils

Uhrzeit	Montag	Dienstag	Mittwoch	Donnerstag	Freitag	Samstag	Sonntag
8-10							
10-12							
12-14							
14-16							
16-18							
18-20							
ab 20 (Nacht)							

Abb. 3.3 Eine Hauptbetreuungsperson und tägliche Betreuungskontakte des Co-Elternteils

Uhrzeit	Montag	Dienstag	Mittwoch	Donnerstag	Freitag	Samstag	Sonntag
8-10							
10-12							
12-14							
14-16							
16-18							
18-20							
ab 20 (Nacht)							

Abb. 3.4 Eine Hauptbetreuungsperson, tägliche Betreuungskontakte und eine Übernachtung beim Co-Elternteil

Natürlich können die Betreuungskontakte auch täglich sein (Abb. 3.3). Ergänzend werden Kontaktzeiten im Haushalt der Mutter angeregt, zum Beispiel könnte das Kind in den ersten Lebensmonaten vor dem Vater-Kontakt noch bei der Mutter vom Vater gefüttert und gewindelt werden oder nach dem Kontakt das Kind vom Vater bei der Mutter ins Bett gebracht werden, als Vorbereitung auf spätere Übernachtungen beim Vater. Dies setzt jedoch voraus, dass die Mutter diese Aktivitäten in ihrer Wohnung toleriert und dass die Eltern insofern kooperativ handeln können.

Möglichst bald sollte ein 24-Stunden-Kontakt mit einer Übernachtung hinzukommen (Abb. 3.4).

Ab welchem Alter eine Übernachtung hinzukommen soll, wird von den Psycholog/innen unterschiedlich gesehen: Ab einem Jahr sollte nach dem französischen Kinderpsychiater *Berger* (2003) und dem US-amerikanischen Psychologen *Emery* (2004) ein 24 Stunden-Kontakt pro Woche stattfinden, ab 3 Jahren ein ganzes Wochenende. Der belgische Psychologe *De Man* (2005) sieht schon im Alter von 6 Monaten die Möglichkeit einer Übernachtung pro Woche beim Vater vor. Eine Langzeitstudie zur Auswirkung von Übernachtungen *im Residenzmodell* (nicht im Wechselmodell) auf Kleinkinder hat ergeben, dass sich Übernachtungen beim weniger betreuenden Elternteil nicht negativ auf die psychische Entwicklung der Kinder auswirkten, wohl aber eine Vielzahl (mehr als zwei) unterschiedlicher Betreuungspersonen sowie ein unregelmäßiger Betreuungsplan (Kline Pruett et al. 2004).

Auch die renommierte US-amerikanische Entwicklungspsychologin *Kelly* und der britische Entwicklungspsychologe *Lamb* (2000), Professor an der Universität Cambridge, befürworten Übernachtungen *von Anfang an*. Sie betonen, dass bei Kindern unter zwei Jahren *häufigere* Wechsel notwendig sind, um die Bindung an beide Eltern zu entwickeln oder aufrecht zu erhalten und dass es insbesondere nicht ausreicht, wenn der Vater jeden Tag eine Stunde lang „den Kinderwagen durch den Park schiebt", sondern dass beide Eltern an *allen* Betreuungsaufgaben teilhaben sollten. Sie schlagen im ersten Lebensjahr eine täglich abwechselnde Betreuung vor (Abb. 3.5).

Ab dem Alter von zwei Jahren halten *Kelly* und *Lamb* (a. a. O.) zwei Übernachtungen am Stück bei jedem Elternteil für kindeswohlgerecht (Abb. 3.6). Der Vorteil gegenüber täglichem Wechsel ist die Reduktion von 7 Wechseln pro Woche auf 3 Wechsel pro Woche.

> **Zusammenfassung**
>
> Auch Säuglinge können im Wechselmodell betreut werden, wenn die Eltern eng kooperieren. Alternativ betreut die Mutter überwiegend und die Betreuungsanteile des Vaters steigen kontinuierlich (oder umgekehrt). Gerade in den ersten Lebensjahren ist regelmäßiger enger Kontakt die Grundlage für einen festen Bindungsaufbau an beide Eltern.

3. Wechselmodell im 2. und 3. Lebensjahr

Ab dem ersten Geburtstag kann die Regel von *de Man* (2005) „1 Jahr = 1 Tag" angewandt werden. Wenn ein Elternteil den überwiegenden Betreuungszeitanteil haben sollte, kommen für den Co-Elternteil jetzt ein

Uhrzeit	Montag	Dienstag	Mittwoch	Donnerstag	Freitag	Samstag	Sonntag
8-10							
10-12							
12-14							
14-16							
16-18							
18-20							
ab 20 (Nacht)							

Abb. 3.5 Geteilte Betreuung mit täglichem Wechsel

Uhrzeit	Montag	Dienstag	Mittwoch	Donnerstag	Freitag	Samstag	Sonntag
8-10							
10-12							
12-14							
14-16							
16-18							
18-20							
ab 20 (Nacht)							

Abb. 3.6   Geteilte Betreuung mit zwei-tägigem Wechsel

Uhrzeit	Montag	Dienstag	Mittwoch	Donnerstag	Freitag	Samstag	Sonntag
8-10							
10-12							
12-14							
14-16							
16-18							
18-20							
ab 20 (Nacht)							

Abb. 3.7   Überwiegende Betreuung durch einen Elternteil, zwei Übernachtungen und drei Nachmittagskontakte des Co-Elternteils

bis zwei Übernachtungen pro Woche (z. B. Mo./Di. und Fr./Sa.) und zusätzlich drei halbtägige Kontakte (z. B. Mi./Do./So.) in Betracht (Abb. 3.7).

Ein Nachteil dieses Betreuungsplans kann es sein, dass er relativ viele Wechsel vorsieht (10 pro Woche). Für manche Kinder ist das überhaupt kein Problem, andere tun sich schwer damit. Insbesondere, wenn zwischen den Eltern noch Spannungen herrschen, die die Wechsel (Übergaben) überschatten, sind Betreuungspläne mit weniger Wechseln vorzuziehen.

Wollen die Eltern gleich viel Betreuungszeit mit dem Kind verbringen, kommen tägliche oder zwei-tägige Wechsel in Betracht (s. o. Abb. 3.5 und 3.6). Für 2–3-jährige Kinder ist die 2:3:2-Tage-Betreuung verbreitet, die in den Wochenrhythmus von Erwachsenen passt und in der die Wochenenden durchwechseln. In der ersten Woche hat die Mutter fünf Tage und der Vater zwei, in der nächsten Woche ist es dann umgekehrt (Abb. 3.8).

Die Frage, ob Sie den Wechsel von einem Elternteil zum anderen besser am Morgen machen oder am Abend, lässt sich nicht allgemein beantworten. Wenn Ihre Kinder eine Tagesbetreuung besuchen (eine Kinderkrippe oder bei einer Tagesmutter/einem Tagesvater betreut werden), können durch Wechsel am Morgen sogenannte „neutrale Übergaben" gemacht werden

Uhrzeit	Montag	Dienstag	Mittwoch	Donnerstag	Freitag	Samstag	Sonntag
8-10							
10-12							
12-14							
14-16							
16-18							
18-20							
ab 20 Uhr (Nacht)							

Abb. 3.8 Geteilte Betreuung mit zwei-drei-zwei-tägigem Wechsel

(vgl. Abschn. 3.2), die bei einer konfliktbelasteten Elternbeziehung vorteilhaft sind. Das bedeutet, dass ein Elternteil das Kind morgens hinbringt, der andere holt es mittags oder nachmittags dort ab. In diesem Fall müssen Sie jedoch besonders auf den Kommunikationsfluss achten (vgl. Abschn. 3.3).

4. Wechselmodell für Kindergartenkinder (ca. 3 bis 6 Jahre)
Alle Autorinnen und Autoren – auch die eher wechselmodellkritischen – stimmen darin überein, dass ab ca. 3 Jahren die Übernachtungen beim bislang weniger betreuenden Elternteil zunehmen und die bei diesem Elternteil verbrachten Tage auf zwei bis drei Tage am Stück, später vier Tage erweitert werden können. Das bedeutet, dass ab drei Jahren in jedem Fall auch quantitativ die ungefähr gleichmäßige Betreuung durch beide Eltern möglich ist. *Kelly* und *Lamb* (2000) empfehlen aufgrund ihrer entwicklungspsychologischen Erkenntnisse 3–4 Tage-Wechsel ab drei bis fünf Jahren. Natürlich gehen auch 3,5 Tage, aber dann hat immer derselbe Elternteil das Wochenende (Abb. 3.9).

Spätestens ab der Einschulung werden wöchentliche Wechsel vorgeschlagen. Dabei empfehle ich, den Wechsel am Freitag nach dem Kindergarten/Schule/Arbeit vorzunehmen, damit Kinder und Eltern die

Uhrzeit	Montag	Dienstag	Mittwoch	Donnerstag	Freitag	Samstag	Sonntag
8-10							
10-12							
12-14							
14-16							
16-18							
18-20							
ab 20 (Nacht)							

Abb. 3.9 Geteilte Betreuung mit 3,5-tägigem Wechsel

ruhigeren, intensiveren Tage des Wochenendes am Anfang ihrer Betreuungszeit gemeinsam haben.

Ferienzeiten sollten Nach *Kelly* und *Lamb* (2000) für Kindergartenkinder noch nicht länger als eine Woche sein. Im Wechselmodell müssen Ferienaufenthalte, die im Residenzmodell als unproblematisch angesehen werden, natürlich erst recht möglich sein. Danach kann gelten, dass Kindergartenkinder mit jedem Elternteil mindestens eine Woche am Stück Ferien verbringen können, ggf. auch länger. Hierbei spielt nicht nur die Dauer eine Rolle, sondern auch die Art der Feriengestaltung, die Vertrautheit der Ferienumgebung und die Anwesenheit weiterer bekannter Personen (z. B. Stiefelternteile, Geschwister, Großeltern), die sich positiv auf das Kind auswirken können.

Zusammenfassung

Kindergartenkinder können im 3-, 4- oder 5-tägigen Wechsel gut gleichmäßig betreut werden, die Betreuungszeit steigert sich hin zum wöchentlichen Wechsel.

---

5. Wechselmodell für Schulkinder von ca. 6 bis 10 oder 12 Jahren

Im Alter von 6 bis 12 jahren ist das Wechselmodell international am weitesten verbreitet. Die Grundschule dauert in Deutschland vier Jahre, also bis zum Alter von ca. 10 Jahren, nur in den Bundesländern Berlin und Brandenburg dauert sie sechs Jahre, also bis zum Alter von ca. 12 Jahren. In der Schweiz dauert die Primarschule 6 Jahre und in Österreich dauert die Volksschule 4 Jahre. Im Folgenden wird eine 4-jährige Primarschulzeit (ca. 6 bis 10 Lebensjahr) zugrunde gelegt. *De Man* (2005) empfiehlt beim Übergang von der Grundschule zur Sekundarschule nicht zeitgleich auch *erhebliche* Wechsel in der Betreuungsform zu vollziehen, damit die Kinder sich nicht an die neue Schule mit ihren Anforderungen und gleichzeitig an ein neues Betreuungsmodell gewöhnen müssen.

Alltagsbetreuung: Mit der Einschulung können entweder die Zeiten der Betreuung im Kindergarten weitergeführt werden (z. B. 2:3:2- oder 3:4-Tage – so *Emery* 2004) – ein Nachteil dieser Betreuungsvarianten sind die vergleichsweise häufigen Wechsel/Übergänge – oder es kann mit längeren Betreuungszeiten, bis hin zu wöchentlichem Wechsel begonnen werden. Bewährt hat sich der Wechsel am Freitag nach der Schule, sodass das gemeinsame Wochenende der Beginn der Betreuungszeit ist. Wöchentliche Wechsel sind einfacher zu organisieren und bringen insgesamt weniger Wechsel mit sich. Ab wann ein wöchentlicher Wechsel stattfinden soll, wird unterschiedlich eingeschätzt: ab Einschulung, ab 7 oder 8 Jahren (Kelly und Lamb 2000; de Man 2005) oder erst ab 10 Jahren (Emery 2004) – hier müssen Sie auch auf die individuellen Besonderheiten Ihrer Kinder achten.

Ferienbetreuung: Bei Primarschüler/innen können die Ferien je eine Woche geteilt werden, eine Feriendauer von bis zu 14 Tagen am Stück in den Sommerferien dürfte unproblematisch sein (Kelly und Lamb 2000), zumindest bei Dritt- und Viertklässlern. Nach *De Man* (2005) sollen 6 und 7 jährige Schulkinder nur jeweils eine Woche und Kinder ab 8 Jahren jeweils 10 Tage am Stück die Ferien mit einem Elternteil verbringen können – später zwei bis drei Wochen. Auch hier hilft keine Faustformel, sondern nur die behutsame Beobachtung Ihrer Kinder.

> **Zusammenfassung**
>
> Schulkinder werden meist in wöchentlichen oder 2-wöchentlichen Wechseln betreut. Kürzere Wechselfrequenzen sind möglich, wenn die Wechsel gut funktionieren.

6. Wechselmodell für Teenager (13–18 Jahre)

Je älter Ihre Kinder werden, desto individueller sind ihre eigenen Zeitpläne und Verpflichtungen, sodass allgemeine Empfehlungen immer weniger sinnvoll sind. Für Teenager sind wöchentliche oder zweiwöchentliche Wechsel üblich. Jugendliche in der Pubertät werden immer unabhängiger und im gleichen Masse, wie die Bedeutung ihrer Freundschaften und der Kontakte zu Gleichaltrigen zunimmt, nimmt die Zeit mit den Eltern und der Familie ab. Die Wünsche Ihrer Kinder sollten zunehmend Berücksichtigung finden und Teenager ziehen es häufig vor, nur noch einen überwiegenden Wohnort bei einem Elternteil zu haben. Dies ist aber nicht als ein Scheitern des Wechselmodells zu verstehen, sondern Ausdruck der geänderten kindlichen bzw. jetzt jugendlichen Bedürfnisse auf der einen Seite und ein Beweis der stabilen Bindung zu beiden Eltern auf der anderen Seite, denn nun hat der/die Jugendliche keine Angst mehr, einen Elternteil zu verlieren.

Alltagsbetreuung: Mit zunehmendem Alter, kann der Wochenwechsel oder ein 14-tägiger Wechsel eingeführt werden. Die Übergänge sollten möglichst am Anfang des Wochenendes liegen. Teenager wollen bei der Frage ihrer Betreuung mehr mitreden und Sie als Eltern sollten ihnen Gehör schenken. Nach Studien der englischen Soziologin *Smart* (2004) brauchen Kinder bis zum Alter von 10–11 Jahren noch die Sicherheit, die ihnen ein fester, regelmäßiger Betreuungsplan gibt. Dies ändere sich mit wachsendem Bedürfnis nach autonomer, eigenverantwortlicher Zeitenteilung. Je flexibler Sie als Eltern nun Abweichungen vom Plan zulassen würden, desto besser sei dies für Ihre Kinder.

Ferienbetreuung: Bei Teenagern gibt es keine Empfehlungen mehr, wie lange sie mit einem Elternteil Ferien verbringen sollten, häufig sind sie auch gar nicht mehr mit den Eltern, sondern schon mit Gleichaltrigen unterwegs.

> **Zusammenfassung**
>
> Bei Teenagern beziehen sich die Empfehlungen weniger auf die Wechselfrequenz. In diesem Altern wird mehr auf die Flexibilität der Betreuung und die Mitbestimmung der Jugendlichen Wert gelegt.

3.2   Übergaben und Übergänge zwischen den Eltern

Als „Übergabe" bezeichnet man den Zeitpunkt, in dem Kinder vom Verantwortungsbereich des einen Elternteils in den des anderen wechseln. Als „Übergänge" werden hier längere Zeiträume bezeichnet, in denen der Prozess des Abschieds und des Ankommens stattfindet. Übergänge umfassen also auch die Zeit unmittelbar vor und nach der Übergabe. Nicht nur *wie oft* Ihre Kinder von einem Elternteil zum anderen wechseln, sondern auch *wo* und *wie* sie tatsächlich übergeben werden oder wechseln, ist bei der Betreuungsplanung zu bedenken. Es gibt verschiedene Möglichkeiten, wie Kinder von einem Elternteil zum anderen gelangen können: Hinbringen, Abholen, neutraler Wechsel und selbstständiger Wechsel.

Hinbringen: Es ist keineswegs dasselbe, ob ein Kind abgeholt oder gebracht wird. Richtig ist, dass sich in beiden Situationen die Eltern begegnen. Für manche Kinder ist es aber einfacher, gebracht zu werden, weil sie sich dann nicht von dem Elternteil, bei dem sie gerade waren, „losreißen" müssen, wenn der andere Elternteil klingelt. Wenn zum Beispiel die Mutter das Kind zum Vater bringt, signalisiert sie damit auch ihr Einverständnis, dass jetzt die Zeit des Wechselns ist. Wenn das Kind dann sowieso schon im Auto ist, die Fahrt mit der Mutter gemacht hat und beim Vater ankommt, kann es sich dort leichter verabschieden, als wenn es von einem Elternteil „weggeholt" wird. Es ist hilfreich, wenn Sie Ihr Kind rechtzeitig vorbereiten und erinnern, dass und wann es wechseln wird.

Herr Sommer bereitet Pauline auf den Wechsel vor

Martin sagt Pauline schon am Freitagmorgen: „Paulinchen, Du gehst jetzt in den Kindergarten und ich gehe nachmittags noch mit dir zum Ballett. Lass uns noch zusammen deinen Koffer packen, den ich nachher für dich mitnehme. Nach der Ballettstunde holt Mama dich ab und es beginnt eine schöne Mama-Woche für dich."

Abholen: Wenn der Elternteil, dessen Betreuungszeit beginnt, die Kinder beim anderen Elternteil abholt, begegnen Sie sich. Das kann hilfreich sein, um bei der Gelegenheit Gepäck und Informationen auszutauschen und um Ihren Kindern (und sich selbst) die Chance des bewussten Erlebens des Übergangs zu ermöglichen. Sie können zum Beispiel als Eltern noch ein bisschen zusammensitzen und besprechen, was ansteht. Für andere Eltern kann gerade das ein Problem darstellen, wenn durch die Begegnung immer wieder Konflikte aktiviert werden. Sollten Ihre Kinder dem ausgesetzt sein, ist eine neutrale Übergabe ohne Begegnung vorzuziehen.

Neutrale Übergabe: Wenn Sie und der Co-Elternteil sich nicht begegnen können, ohne Streit zu beginnen, sollten Sie sich aus dem Weg gehen. Dies rechtfertigt zwar nicht eine Beschneidung des Betreuungsumfangs eines Elternteils, aber es kann Anlass für einen neutralen Wechsel sein. Hier gibt es zwei Varianten:

Wechsel an einem neutralen Ort heißt, Sie treffen den anderen Elternteil an einem vereinbarten Ort und übergeben ihm Ihre Kinder. Beispiele: Ein Treffpunkt am Bahnhof, wenn ein Elternteil Kinder auf der Fahrt begleitet hat oder in einem Café nahe des Kindergartens, in dem Sie noch zusammen einen Kaffee trinken und sich über Neuigkeiten austauschen. Dies kann praktische Gründe haben (z. B. der Kindergarten ist nahe der Arbeitsstelle eines Elternteils, Ihrem Kind werden dadurch Fahrtzeiten erspart, wenn es direkt am Kindergarten wechselt) oder es kann dazu dienen, bestimmte konfliktträchtige Situationen zu vermeiden (z. B. wenn ein Elternteil nicht mit dem neuen Partner/der neuen Partnerin des anderen zusammentreffen möchte oder wenn Sie nicht zu dem Haus fahren möchten, in dem Sie früher zusammen gewohnt hatten, weil Sie das emotional aufwühlt).

Wechsel über einen neutralen Ort bedeutet, dass Ihre Kinder von einem Elternteil zu einem neutralen, im Sinne von drittem Ort gebracht werden und dort vom anderen Elternteil später abgeholt werden, ohne dass es zu einer direkten Begegnung kommt. Dies kann ein Ort sein, den Ihre Kinder entweder ohnehin aufsuchen (z. B. Tagesmutter, Kindergarten, Schule, Sportverein o. a.) oder ein Ort, der extra dafür ausgewählt wurde, um das Zusammentreffen der Eltern bei der Übergabe zu verhindern (z. B. Oma/Opa, Freund/innen oder Bekannte). Bei älteren Kindern genügt es manchmal zu verabreden, dass ein Elternteil beim anderen klingelt und dass die Kinder dann selbstständig hinausgehen. Wichtig ist es, beim Wechsel über einen neutralen Ort den Informationsfluss (vgl. Abschn. 3.2) am Laufen zu halten. Beim Wechsel über einen neutralen Ort begegnen Sie dem Co-Elternteil überhaupt nicht, was der Konfliktdeeskalation dienen kann. Bei Eltern mit hohem Konfliktniveau sind Übergaben über einen neutralen Ort daher sehr üblich und werden auch von Gerichten angeregt oder angeordnet.

Sommers vereinbaren neutrale Übergaben

Anna möchte auf gar keinen Fall, dass sie beim Abholen oder Bringen von Pauline und Freddy mit Martins neuer Freundin zusammentreffen muss. Martin hingegen versetzt es jedes Mal einen Stich, wenn er zu Anna in die alte Wohnung fährt, die er selbst mit viel Einsatz für seine Familie renoviert hatte. Für beide ist es momentan daher besser, neutrale Übergaben zu machen. Sie verabreden, dass Paulinchen und Freddy jeweils am Freitag *über einen neutralen Ort* wechseln. Das heißt konkret, dass Pauline von einem Elternteil zum Ballett gebracht wird – ihr Köfferchen steht dort in der Garderobe – der andere Elternteil holt sie dann nachmittags ab. Freddy kann allein mit dem Bus zum anderen Elternteil fahren. Sollte Paulinchen krank sein oder das Ballett ausfallen, verabreden sie eine Übergabe *an einem neutralen Ort*. Martins Eltern, die nicht weit entfernt wohnen, haben sich bereit erklärt, in solch einem Fall zu helfen. Martin und Anna kommen dann freitagsnachmittags zum Kaffeetrinken, Paulinchen und Freddy freuen sich auf den Nachmittag mit Oma und Opa und danach gehen sie mit dem anderen Elternteil nachhause.

Selbstständiger Wechsel: Wenn Ihre Kinder alt genug sind, dass sie die Wegstrecke allein zurücklegen können, ist ein selbstständiger Wechsel zwischen den Elternhäusern möglich.

Frau Sommer bereitet Freddy auf den Wechsel vor

Anna sagt zu Freddy am Freitagmorgen: „Freddy, pack bitte deinen Koffer in meinen Kofferraum, ich fahre ihn nachher zu Papa. Du gehst nach der Schule noch zum Training und fährst dann mit dem Bus zu Papa nachhause – er freut sich schon auf dich!"

Unterstützung bei den Übergängen

Sie können ihre Kinder vor, während und nach den Wechseln und in der Zeit des „inneren Übergangs" unterstützen. Zum positiven Einstimmen Ihrer Kinder auf einen bevorstehenden Wechsel gehört es auch, dass Sie Ihre eigene Traurigkeit über das Weggehen des Kindes nicht betonen, damit die Kinder kein schlechtes Gewissen bekommen, Sie alleine zu lassen. Die bedeutet nicht, dass Sie nicht sagen dürften, dass es Ihnen leid tut, dass die Kinder in der nächsten Zeit nicht da sein werden. Betonen Sie aber den positiven Aspekt, dass jetzt schöne Tage mit dem anderen Elternteil auf das Kind warten und der andere Elternteil sich schon auf das Kind freut. Sie können beispielsweise sagen, dass Sie an die Kinder denken werden und sich schon darauf freuen, wenn sie zurückkommen.

Praxis-Tipps: Unterstützung für Kinder bei Übergängen/Wechseln

Insbesondere für kleine Kinder gibt es viele Hilfestellungen bei der Bewältigung der Übergänge zwischen den Eltern

- Hinweis auf bevorstehende Wechsel am Tag/Abend zuvor, bei kleineren Kindern ggf. mehrfach.
- Ein besonderes Abschiedsritual, das immer gleich ist
- Gemeinsames Einpacken der Sachen Ihres Kindes
- Einpacken von Lieblingsobjekten (z. B. Kuscheltier)
- Positives Einstimmen auf den anderen Elternteil durch das Gespräch auf der Hinfahrt
- Nach dem Ankommen keine ausforschenden Fragen stellen, was Ihr Kind beim anderen Elternteil gemacht oder erlebt hat
- Ein besonderes Rückkehrritual, das immer gleich ist
- Besondere Zeit und Aufmerksamkeit für Ihr Kind in den ersten Stunden nach der Rückkehr
- Klare Routinen nach der Rückkehr – Signal an Ihr Kind: „Alles ist wie immer!"

> **Frau Sommers Routine nach dem Ankommen**
>
> Wenn Pauline und Freddy zu Anna zurückkommen, gehen die drei immer erst einmal mit Oskar Gassi, der vor Freude herumspringt, wenn er die Kinder sieht. Dabei erzählen Sie sich, was in der vergangenen Woche alles Interessantes passiert ist. Anschließend kochen sie zusammen ...

3.3   Informationsfluss

Je jünger die Kinder sind, desto genauer sollten die Eltern über alles Bescheid wissen. Wenn Sie einen Säugling im ersten Lebensjahr im Wechselmodell betreuen, müssen Sie regelmäßig mit dem Co-Elternteil kommunizieren und sich über vieles (nicht alles!), was Ihr Kind betrifft, austauschen. Je älter Kinder werden, desto weniger ist dies Bedingung. Ab dem Kindergartenalter werden Kinder beispielsweise betreut, ohne dass zwischen den Fachkräften und Ihnen ein täglicher Austausch notwendig wäre. Hier genügt es zu wissen, dass Sie informiert werden, wenn etwas Ungewöhnliches oder Besorgniserregendes auftritt. Strengere Maßstäbe als bei der Tagesbetreuung müssen auch an Eltern nicht gestellt werden.

Aktiv kooperative Elternschaft ist häufig angenehmer und einfacher, aber sie ist nicht Voraussetzung für Kooperation im Wechselmodell. Wenn Sie sich mit dem Co-Elternteil gut unbefangen austauschen können, wird Ihnen ein Wechselmodell leichter fallen. Aber auch mit wenig Kommunikation können Sie kooperieren: in der sog. **passiven Kooperation,** auch **parallele Elternschaft** genannt, d. h. Sie tauschen sich wenig aus, Sie arbeiten aber auch nicht gegeneinander und legen sich keine Steine in den Weg. Jeder lässt den anderen machen und vertraut drauf, dass er bzw. sie Ihr Kind liebt und als gute Mutter oder guter Vater schon das Richtige tun wird. Nur im „Notfall", d. h. wenn eine wirklich brenzlige Situation eintritt, müssen Sie sich darauf verlassen können, dass der Co-Elternteil Sie schnellst möglich informieren wird.

> **Beispiele für Notfälle, in denen Sie den Co-Elternteil informieren müssen**
> - Justus ist vom Fahrrad gefallen und hat erhebliche Verletzungen
> - Maria hat so hohes Fieber bekommen, dass sie zum Arzt muss
> - Paul ist bei Ladendiebstahl erwischt worden
> - Marlene kam von der Party angetrunken nachhause

Spätestens bei Schulkindern ist eine Betreuung auch mit sehr wenig Kommunikation möglich. Diesbezüglich sind die Vorstellungen von Eltern auch im Zusammenleben sehr unterschiedlich: so gibt es Eltern, die am liebsten jeden Tag bei der Lehrerin fragen möchten, ob alles in Ordnung sei, während andere das ganze Schuljahr über nicht ein einziges mal auftauchen. Niemand käme auf die Idee, dass dadurch das Kindswohl gefährdet wäre.

Praxis-Tipps für den Informationsfluss zwischen den Eltern

- **Information und Übergabe trennen:** Häufig besprechen Eltern beim Abholen oder Bringen des Kindes, was sie zu besprechen haben. Das ist aber der falsche Moment, denn das Kind und sein Übergang sollten hier im Mittelpunkt stehen. Telefonieren Sie am Abend oder schreiben Sie sich eine E-Mail. So verhindern Sie auch, dass es vor dem Kind zu Unstimmigkeiten oder Streit kommt.
- **Schriftliche statt mündlich informieren:** Schriftliche Nachrichten haben den Vorteil, dass sich niemand am „Tonfall" oder an einem „Gesichtsausdruck" stören kann. Außerdem gehen dabei weniger Informationen verloren oder werden vergessen.
- **Übergabe-Buch:** Basteln Sie für Ihre Kinder ein „Übergabe-Buch", in das Sie notwendige Informationen für den Co-Elternteil hineinschreiben. Dort kann auch gleich der Arzttermin notiert werden, die Telefonnummer von der Freundin aufgeschrieben oder die Einladungskarte für den Kindergeburtstag eingeklebt werden. Das Buch bleibt immer im Gepäck Ihres Kindes.

Sommers rotes Übergabebuch

Anna und Martin haben für jedes Kind einen Din-A-5 großen roten Kalender angeschafft, den sie als „Übergabebuch" benutzen wollen. Dort schreiben sie für die Kinder hinein, wann sie bei Mama und wann sie bei Papa sein werden. Paulinchen kann das noch nicht lesen, aber Freddy durchaus. In den Kalender sind auch alle Geburtstage von Familienangehörigen und Freunden eingetragen und alle Termine, die für die Kinder von Bedeutung sind. Jeden Tag wollen Anna und Martin wenigstens in 1 bis 2 Sätzen in den Kalender schreiben, was für Freddy und Paulinchen wichtig war, damit der andere Elternteil das nachlesen kann. Informationszettel vom Kindergarten und von der Schule legen Anna und Martin in die Kalender. Für das Deckblatt haben Pauline und Freddy Bilder gemalt, denn es ist *ihr schönes Buch*. Außerdem haben Anna und Martin Freddys Klassenlehrerin gebeten, die Klassen-Rundmail in Zukunft an beide Eltern zu schicken.

3.4   Gepäck

Manche Eltern fahren Kinder und Gepäck zum anderen Elternteil, andere geben den Kindern alles mit. Das hängt von der Wegstrecke, dem Alter der Kinder und der Menge von Gepäck ab. Wie viel Gepäck Ihr Kind benötigt hängt auch davon ab, wie viel Sie und der Co-Elternteil bereit sind, doppelt zu kaufen. Seltsamerweise höre ich immer wieder, dass „die armen Kinder" im Wechselmodell mit dem Koffer von einem Elternteil zum anderen ziehen müssten – dabei machen das Kinder, die einen Elternteil nur am Wochenende besuchen, erst recht! Häufig müssen sie sogar alles einpacken, was sie am Wochenende brauchen und kehren dann am Ende mit schmutziger Wäsche im Gepäck und einem fehlenden Turnschuh nachhause zurück. Das ist im Wechselmodell anders, denn Ihre Kinder fahren nicht auf Besuch, sondern nachhause.

Alltagswäsche: Meistens haben beide Eltern eine Grundausstattung an Tageswäsche, Nachtwäsche, Unterwäsche. Während Ihre Kinder beim anderen Elternteil sind, wird die Wäsche gewaschen und liegt schon bereit, wenn Ihre Kinder wieder nachhause kommen.

Besondere Kleidung: Kleidung, die besonders teuer ist oder nur selten benutzt wird, kann ins Gepäck, wenn Sie sich diese nicht beide leisten können oder wollen. Beispiele: Der Schneeanzug, das Festtagskleid, die teuren Schuhe.

Eine Bitte: Lehnen Sie keine Kleidung ab, weil sie vom anderen Elternteil kommt. Auch nicht, wenn sie Ihnen nicht gefällt. Es ist nicht dessen Kleidung, sondern die Ihres Kindes und wenn Sie Sachen Ihres Kindes ablehnen, treffen Sie damit auch Ihr Kind.

Spielsachen: Es gibt Sachen, die *müssen* immer mit den Kindern sein, wie Puppen oder Kuscheltiere oder das schöne, große Müllauto, das gerade ganz hoch im Kurs steht. Ermöglichen Sie ihrem Kind, diese Sachen mitzunehmen. Sie geben ihm Geborgenheit und das Gefühl Zuhause zu sein. Alles andere muss weder bei beiden Eltern vorhanden sein, noch sollten die Spielsachen bei beiden Eltern gleich sein. Im Gegenteil: wenn ein Kind nach einer Woche zu seinem Lego zurückkommt, ist es wieder interessanter, als wenn das Lego jeden Tag zur Verfügung stünde.

Schulsachen: Schulsachen müssen in der Schultasche mit dem Kind wechseln. Helfen Sie ihrem Kind dabei, nichts zu vergessen. Besonders sperrige oder wertvolle Dinge können unter Umständen von den Eltern transportiert werden, z. B. ein Musikinstrument, ein Sportgerät oder dergleichen.

Praxis-Tipp für das Gepäck und den Transport

- **Spielzeugkiste:** Im Baumarkt gibt es Klappkisten oder Kunststoffboxen mit Deckel, in diese können Ihre Kinder hineinlegen, was sie mitnehmen wollen. Den Transport übernehmen Sie.
- **Depot:** Geben Sie dem anderen Elternteil den Schlüssel für Ihren Kofferraum, für Ihr Gartenhäuschen oder Ihre Garage, wo dieser in ihrer Abwesenheit das Gepäck abstellen kann.
- **Second-Hand:** Man muss nicht alle Kleidung neu kaufen, vieles kann man gut erhalten bekommen, sei es von anderen Familien, sei es auf Basaren oder in Second Hand Läden.
- **Zusammen einpacken:** Packen Sie mit ihren Kindern zusammen ein, dann können sie mitbestimmen und lernen auf diese Weise, sich später selbst zu organisieren. Außerdem wissen Ihre Kinder dann eher, was sie dabei haben und was nicht.

Sommers regeln den Transport

Martin und Anna haben für beide Kinder eine Transportbox angeschafft, die sie dem jeweils anderen Elternteil vorbeibringen, wenn Pauline und Freddy wechseln. In die Box kommt Spielzeug, das die Kinder mitnehmen wollen, sowie die Fußballsachen für Freddy und die Ballettkleidung für Pauline – diese wollen die Eltern nicht doppelt anschaffen. Die vorhandene Kleidung haben sie sich aufgeteilt und vereinbart, dass jeder Elternteil von nun an für die Ausstattung bei sich zuhause sorgt. Nur die Schuhe sollen mit den Kindern wechseln, weil sie teuer sind und die Füße so schnell wachsen. Da Pauline und Freddy immer freitags nach dem Kindergarten bzw. der Schule wechseln sollen, sind Paulines Rucksack mit Brotbox und Trinkflasche und Freddys Schultasche automatisch immer bei ihnen. Zunächst hatten sie überlegt, ob Hund Oskar auch im Wechselmodell leben soll, aber der Transport des Körbchens ist Anna und Martin zu viel. Oskar bleibt deshalb bei Anna und Martin nimmt ihn nur in den Ferien, wenn Anna verreist.

3.5   Zwischendurchkontakte

Kontakte der Kinder zum gerade nicht betreuenden Elternteil sind zwischen getrenntlebenden Eltern häufig schwierig, in der Literatur werden sie jedoch einstimmig als wichtig und förderungswürdig angesehen, denn sie lassen Kinder den gerade nicht betreuenden Elternteil weniger vermissen. Wenn sich etwas

Besonderes ereignet hat, ist es ein legitimer Wunsch (von Kindern wie Eltern), davon zu erfahren bzw. zu berichten. Dabei sollen sich die Kontakte, die alters- und bedürfnisabhängig sind, nach den Wünschen der Kinder richten.

> **Beispiele für Zwischendurchkontakte**
> - Telefonanrufe
> - Text und-Bildnachrichten
> - Skypeanrufe
> - Besuche

Je nach Alter und mit zunehmend autonomer Mediennutzung werden Ihre Kinder ohnehin selbsttätig ihre Zwischendurchkontakte gestalten, soweit Sie und der Co-Elternteil dies zulassen. Sie können Regeln vereinbaren, zum Beispiel, dass der Kontakt vom Kind ausgehen muss, nicht vom Elternteil oder dass zu bestimmten Tageszeiten möglichst nicht angerufen wird o. ä., grundsätzlich sollten den Kindern jedoch möglichst wenig Beschränkungen auferlegt werden und keinesfalls sollten Kinder den Kontakt zum anderen Elternteil *heimlich* suchen müssen. Gegebenenfalls kann der Kontakt sich auch auf andere Angehörige erstrecken, wobei eine grundsätzliche Akzeptanz und Offenheit gegenüber der Familie des anderen Elternteils zu wünschen ist.

Sommers vereinbaren Zwischendurchkontakte

Anna und Martin verabreden, dass sie weiter gemeinsam an Veranstaltungen im Kindergarten oder in der Schule teilnehmen wollen. Dort werden sie dann auch zwischendurch die Kinder sehen. Ansonsten wollen sie lieber keine Besuche. Wenn Freddy oder Pauline Lust haben, den anderen Elternteil anzurufen, dürfen sie das vom Telefon aus machen, Freddy hat sowieso schon ein eigenes Handy. Die Eltern selbst wollen nicht anrufen, und wenn sie etwas wirklich Wichtiges mitteilen wollen, schreiben sie dem anderen vorher eine Kurznachricht und fragen, wann der Anruf passen würde.

3.6   (Familien)Feste

Häufig haben getrenntlebende Eltern und ihre Kinder gemischte Gefühle, wenn sie an kommende Familienfeste denken. Zwischen die schönen Gefühle und angenehmen Erwartungen mischen sich Bedenken, wie man das als Kind mit getrennten Eltern oder als Eltern, die nicht zusammen leben, überhaupt feiern kann. Schon im Vorfeld können daraus Konflikte entstehen und im schlimmsten Fall wird entweder das Fest davon verdorben oder gar nicht erst gefeiert. Die nachfolgenden Gedanken sollen Ihnen ermöglichen, dass Sie auch als nicht zusammenlebende Familie fröhliche, unbeschwerte Feste feiern können. Unterscheiden Sie zwischen Festen, die sich jährlich wiederholen (Geburtstage, Weihnachten, Silvester, Ostern u. a.) und solchen, die es nur einmal gibt. Bei den einmaligen Festen und Feierlichkeiten ist es wiederum wichtig, zwischen den Festen, bei denen das Kind im Mittelpunkt steht, und solchen zu unterscheiden, bei denen das Kind nur Gast ist.

Jährlich stattfindende Feste

Sich jährlich wiederholende Feste kann man abwechselnd mit der Mutter (und deren Familie) und mit dem Vater (und dessen Familie) feiern. Einer darf den Anfang machen, wenn Sie sich nicht einigen können, werfen Sie das Los. Fragen Sie nicht ihre Kinder, bei wem sie feiern möchten, das stürzt sie in Loyalitätskonflikte. Ob Sie auch Ihre eigenen Elterngeburtstage mit dem Kind feiern (und deswegen den Betreuungsplan variieren), oder ob sie den nachfeiern, wenn Ihr Kind das nächste mal bei Ihnen ist, ist Ihre Entscheidung. Diese hängt davon ab, wie wichtig Ihnen dieser Tag mit Ihren Kindern ist und wie alt Ihre Kinder sind.

Einmalige Feste des Kindes

Kinder stehen im Mittelpunkt bei allen religiösen Feierlichkeiten zur Aufnahme in eine Religionsgemeinschaft (Kommunion, Firmung und Konfirmation, Bar Mizwa/Bat Mizwa, das muslimische Beschneidungsfest) oder als atheistische Alternative bei der Jugendweihe, sowie bei den einmaligen besonderen „weltlichen" Festlichkeiten auf dem Weg ins Erwachsenenleben (z. B. der 18. Geburtstag oder ein Abschluss der Schule oder Ausbildung). Diese Feste sollten Sie Ihrem Kind so schön wie möglich machen und versuchen, Ihre eigenen Beklemmungen zurückzustecken. Damit das leichter gelingt, können die nachfolgenden Empfehlungen vielleicht helfen:

Praxis-Tipps zur Gestaltung von Familienfesten

- **Ihr Kind ist der Mittelpunkt des Festes:** Fragen Sie es nach seinen Wünschen und respektieren Sie diese so weit wie möglich. Wenn es mit beiden Eltern feiern möchte, versuchen Sie, das Ihrem Kind zu ermöglichen.
- **Einbeziehung des Co-Elternteils:** Reden Sie frühzeitig mit Ihrem Co-Elternteil über die Gestaltung des Festes und beziehen Sie ihn ein. Besprechen Sie mit Ihrem Co-Elternteil, was er/sie und was Sie zum Gelingen des Festes beitragen möchten. Unangekündigte Überraschungen (auch gut gemeinte) können leicht daneben gehen.

- **Sprechen Sie über die Kosten:** Reden Sie rechtzeitig und realistisch über den finanziellen Rahmen und wer sich in welchem Umfang beteiligen wird.
- **Geschenke:** Überlegen Sie, ob Sie Ihrem Kind ein gemeinsames Geschenk machen können. Das vermeidet auf der einen Seite Konkurrenz um das größere Geschenk und ist auf der anderen Seite ein wunderbares Symbol dafür, dass Sie trotz Ihrer Trennung gemeinsam Eltern für Ihr Kind geblieben sind.
- **Dritte einbeziehen:** Suchen Sie nach Vermittler/innen in der Familie oder in Ihrem sozialen Umfeld. Vielleicht gibt es Paten/innen, die vermitteln und Sie unterstützen können?
- **Gästeliste:** Sprechen Sie vorher mit dem Kind darüber, wer teilnehmen soll und wer nicht. Wenn der neue Partner/die neue Partnerin eines Elternteils die Balance stört, sollte er/sie – zugunsten des Kindes – auf ihr/sein Kommen verzichten.
- **Offenheit:** Informieren Sie Gäste und Angehörige vorher über Ihre Überlegungen (dass Ihre Situation nicht einfach ist, wird jeder einsehen), das vermeidet „peinliche Fragen". Sie können zum Beispiel sagen: „Britta und ihre Kinder kommen nicht zur Konfirmation mit, sie feiert dann mit Max und seinem Vater am nächsten Wochenende nach." Damit ist alles klar gesagt und keine weitere Nachfrage notwendig.
- **Erweitern Sie den Kreis:** Laden Sie auch Freunde von Ihren Kindern und von sich ein, Nachbarn und andere liebe Menschen. Viele Gäste können „neutralisierend" wirken.
- **Neutrale Räumlichkeiten:** Feiern Sie nicht bei sich zuhause, sondern an einem neutralen Ort: in einem Restaurant oder Gasthaus, dem Vereinsheim oder dem Gemeindehaus zum Beispiel. Suchen Sie nach einem Raum, der groß genug ist, dass man den Platz wechseln kann.
- **Tischkärtchen:** Eine feste Tischordnung kann verhindern, dass Menschen nebeneinander zu sitzen kommen, die sich nicht gut verstehen.
- **Besser kein „open end":** Machen Sie lieber eine kurze, schöne Feier mit einem verabredeten Endzeitpunkt, als ein offenes Fest, das Konflikten Raum gibt und gegen Ende Eskalationen zulässt.
- **Hilfe suchen:** Wenn Sie für sich erwarten, dass Sie es schwer haben: bitten Sie einen nahestehenden Menschen, an diesem Tag an Ihrer Seite zu bleiben.

Kinder als Gast

Bei manchen Familienfesten sind Ihre Kinder nur ein Gast unter vielen: Hochzeiten, Jubiläen von Familienangehörigen, religiöse Feste von Angehörigen usw. Hier ist es gut, ihr Kind teilhaben zu lassen, Sie selbst müssen ja nicht mit hingehen.

3.7   Probezeit

Kein Arrangement muss einen Dauerzustand zementieren. Keine Betreuungsvereinbarung ist *für immer*. Kinder werden älter, Lebensumstände ändern sich. Gerichtsurteile können dies nicht vorwegnehmen – dies ist ein großer

Vorteil von frei getroffenen Elternvereinbarungen. Die Konflikte, die in der Trennungszeit noch hoch sind, werden voraussichtlich in zwei Jahren vorüber sein. Der „Kampf um einen halben Tag" mehr oder weniger, den Sie vielleicht heute führen, ist ein Jahr später wahrscheinlich nicht mehr der Rede wert. Es hat sich bewährt, eine Probezeit für den Betreuungsplan zu vereinbaren. Die Probezeit sollte mindestens ein halbes Jahr betragen, da alle Familienmitglieder sich erst an das Leben im Wechselmodell gewöhnen müssen. Nach Ablauf der Probezeit sollten die Erfahrungen ausgewertet werden und erst nach den gemeinsamen Erfahrungen kann dann ein länger geltender, verbindlicher Betreuungsplan festgelegt werden. Dabei bezieht sich die Erprobung nicht nur auf das grundsätzliche Betreuungsmodell, sondern auch auf eine bestimmte Wechselfrequenz oder eine Übergaberegelung. Eine Probezeit ermöglicht es, Erfahrungen mit der Regelung und ihrer Handhabung zu machen, sich darüber auszutauschen und ggf. Nachjustierungen vornehmen zu können, indem Anpassungen an die Bedürfnisse der Beteiligten deren Zufriedenheit erhöhen. So wird beispielsweise empfohlen, für Kinder, die nach den Wechseln etwas länger Zeit benötigen, um sich wieder einzugewöhnen, eher längere Wechselfrequenzen zu wählen. Dies lässt sich aber erst nach einer gewissen Erprobung und Beobachtung feststellen.

> **Sommers vereinbaren eine Probezeit**
>
> Anna und Martin verabreden, dass sie den wöchentlichen Wechsel bis zu den Sommerferien ausprobieren möchten. In den ersten Ferientagen möchten sie sich treffen und alle Vor- und Nachteile aufschreiben. Dazu ziehen sie das Übergabebuch heran, in dem sie aufschreiben wollen, was gut und was weniger gut läuft. Danach wollen Anna und Martin entscheiden, wie sie weiter machen. Sollten sie sich nicht einig werden, verabreden sie heute schon, ein bis zwei Sitzungen bei einer Mediatorin zu vereinbaren, die sie bei diesem Schritt unterstützen soll.

Literatur

Bauserman, R. (2002). Child adjustment in joint-custody versus sole-custody arrangements: A meta-analytic review. *Journal of Family Psychology, 16*(1), 91–102.

Berger, M., & Gravillon, I. (2003). *Mes parents se séparent.* Paris: Albin Michel.

De Man, J. P. (2005). Das Alter und die gleichmäßige Beherbergung (Unterbringung). http://www.petzold.homepage.t-online.de/de_man.htm.

Emery, R. (2004). *The truth about children and divorce. Dealing with the emotions so you and your children can thrive.* New York: Viking (Penguin Group).

Irving, H., Benjamin, M., & Trocme, N. (1984). Shared parenting: An emperical analysis utilizing a large data base. *Family Process, 23,* 561–569.

Kelly, J., & Lamb, M. (2000). Using child development research to make appropriate custody and access decision for young children. *Family and Conciliation Courts Review, 38*(3), 297–311.

Kline Pruett, M., Ebling, R., & Insabella, G. (2004). Critical aspects of parenting plans for young children: Injecting data into the debate about overnights. *Family Courts Review, 42*(1), 35–59.

Williams, S. (1991). *Joint custody: The relationship between interparental communication, custody, schedule and parental satisfaction.* Dissertation, Pepperdine University/Malibu.

4

Wechselmodell und Recht: Welche rechtlichen Folgen müssen wir bedenken?

© Katharina Kravets

© Springer Fachmedien Wiesbaden GmbH, ein Teil von Springer Nature 2020
H. Sünderhauf, *Praxisratgeber Wechselmodell*,
https://doi.org/10.1007/978-3-658-27210-4_4

4.1   Einvernehmliche Regelungen bevorzugt!

Eltern können Ihre Kinder so betreuen, wie sie es für richtig halten. Das gilt sowohl in Deutschland, als auch in Österreich und in der Schweiz. So lange Sie sich einig sind, können Sie jede Regelung treffen und diese auch jederzeit wieder ändern. Das hat sehr viele Vorteile:

- **Selbstbestimmtheit:** Auch wenn Sie Kompromisse eingehen müssen, es ist *Ihre* Regelung. Sie haben sie ausgehandelt und Sie haben zugestimmt. Bei Gericht gibt es meist einen Gewinner und einen Verlierer – überlegen Sie kurz: wie wäre es, wenn Sie der Verlierer bzw. die Verliererin wären?
- **Flexibilität:** Sie können jederzeit eine neue, bessere Regelung aushandeln und vereinbaren und behalten so ihre Regelungsautonomie.
- **Stabilität:** Selbst ausgehandelte Vereinbarungen haben mehr Bestandskraft und sind häufig stabiler, als Entscheidungen, die ein Dritter, ein fremder Mensch bei Gericht getroffen hat und die meistens zumindest einen Elternteil unzufrieden zurücklassen.
- **Expertise:** Sie sind die Expertinnen und Experten für Ihr Kind! Der Richter oder die Richterin hat es höchstens einmal kurz gesehen. Sie kennen Ihre Familie, sie können am besten entscheiden, was gut ist und was nicht, was geht und was nicht gehen wird.
- **Vorbild:** Sie können Ihren Kindern stolz entgegentreten und sagen: „Mama und Papa haben sich überlegt, das xxx am besten für uns alle ist. Dabei haben wir ganz stark an Dich gedacht und es war uns am wichtigsten, dass wir für Dich eine gute Lösung finden". Damit zeigen Sie Ihren Kindern, dass man auch schlimmen Streit selbstbestimmt lösen kann.
- **Entspannung:** Sie ersparen sich und dem anderen Elternteil, vor allem aber ihren Kindern ein psychisch sehr belastendes Verfahren vor Gericht. Haben Sie schon vom Sorgerechtsstreit-Burnout gehört? Ich bin sicher, Sie wollen ihn nicht kennenlernen.
- **Finanzielle Ersparnis:** Davon abgesehen sparen Sie viel Geld, wenn Sie nicht zu Rechtsanwält/innen und Gerichten gehen – unter Umständen sogar sehr viel Geld.
- **Zeitersparnis:** Gerichtsverfahren dauern oft sehr lange, ich habe Umgangs- und Sorgerechtsstreitigkeiten erlebt, die in der ersten Instanz schon 4 Jahre gedauert haben – wenn dann noch eine weitere Instanz hinzukommt, können Sie sich ausrechnen, ob Sie bis zur Volljährigkeit Ihres Kindes prozessieren möchten.

Wenn Sie in der momentanen Situation es nicht schaffen, mit dem Menschen, von dem Sie sich getrennt haben oder der Sie verlassen hat, zusammen zu sitzen und vernünftig zu reden, dann holen Sie sich professionelle Hilfe. Es ist keine Schande, das nicht allein hinzubekommen – aber es ist eine Schande, es nicht wenigstens zu versuchen.

Sommers gehen zur Mediation

Anna und Martin sind sich sofort einig, dass sie versuchen möchten, alle Fragen, die Sie und Ihre Kinder betreffen, eigenverantwortlich zu regeln. Über die rechtlichen Rahmenbedingungen informieren sie sich durch Beratung und Lektüre von Büchern, aber die Lösung muss für ihre Familie passen und kann davon abweichen. Anna und Martin möchten dort, wo sie auf Schwierigkeiten stoßen, weil ein Thema sie emotional zu sehr aufwühlt oder weil sie schlicht unterschiedlicher Meinung sind, eine Mediatorin zur Unterstützung hinzuziehen.

4.2 Mediation

Mediation ist eine Möglichkeit, bei der Entscheidungsfindung Unterstützung in Anspruch zu nehmen.

Was ist Mediation?

Mediatoren/innen geben in einem *strukturierten Prozess* Hilfestellung zur Konfliktregulierung. Sie sind dabei keine Schiedsrichter/in – die Entscheidungen fällen allein die Eltern. Mediatoren/innen sind keine Therapeuten/innen – sie helfen Regelungen zu finden, ohne den Anspruch zu haben, Ihre Probleme tiefgreifend zu lösen. Dies wäre in der kurzen Zeit, die eine Mediation dauert, auch gar nicht zu leisten. Die Mediation mündet im besten Fall in eine schriftliche Vereinbarung über das Betreuungskonzept. Dabei können – je nach Bedarf – auch anderen Themen wie Kindesunterhalt, Wohnungsnutzung etc. geregelt werden – je nach Wunsch und Auftrag der Eltern. Der/die Mediator/in ist für den *Prozess* zuständig – die Eltern bleiben für die *Inhalte* verantwortlich. Mediation ist freiwillig und kann von jedem Elternteil zu jeder Zeit beendet werden (auch vom Mediator/von der Mediatorin). Familienmediation wird häufig von einem Mediator und einer Mediatorin als gemischtgeschlechtliches Team angeboten (Co-Mediation). Kinder werden in der Regel am Mediationsprozess nicht direkt beteiligt, aber es gibt Ausnahmen.

Wie finden wir eine gute Mediatorin/einen guten Mediator?
Da „Mediator/in" keine geschützte Berufsbezeichnung ist und sich daher jede/r so nennen darf, sollten Sie eine erfahrene, gut ausgebildete Person suchen. In Deutschland trägt die Bezeichnung *zertifizierte/r* Mediator/in Garantie für eine solide Ausbildung und ausreichend Praxiserfahrung. Sie finden diese Personen in **Deutschland** als Mitglieder der Bundes-Arbeitsgemeinschaft für Familienmediation (BAFM) über deren Webseite. In der **Schweiz** entspricht dies dem Schweizerischen Verein für Familienmediation (SVFM/ASMF), welcher nur gut ausgebildete Mediator/innen aufnimmt. In **Österreich** hilft der Österreichische Bundesverband für Mediation (ÖBM) weiter; eine Liste der anerkannten Mediator/innen ist auf der Webseite des Österreichischen Bundesministeriums für Wirtschaft, Familie und Jugend veröffentlicht.

Kosten für Mediation und gerichtliche Anordnung
In der **Schweiz** ist die Verbindlichkeit gerichtlich empfohlener Mediation in den Kantonen unterschiedlich geregelt. Die Kosten tragen die Eltern meist hälftig. In Betreuungsfragen können die Eltern Anspruch auf unentgeltliche Mediation haben, wenn ihnen die erforderlichen Mittel fehlen und wenn das Gericht die Durchführung einer Mediation empfiehlt. In **Österreich** kann das Gericht in Obsorge- oder Kontaktrechtsverfahren die Eltern zur Teilnahme an einer ersten informatorischen Sitzung verpflichten, nicht jedoch zu einer Teilnahme am Mediationsverfahren. Im Rahmen von Trennung oder Scheidung kann unter gewissen Voraussetzungen eine vom Bundeskanzleramt geförderte Familienmediation (FLAG-Mediation) in Anspruch genommen werden. In **Deutschland** gibt es in manchen Städten kostenfreie oder geförderte Mediationsangebote (z. B. durch das Jugendamt), meist tragen die Eltern die Kosten jedoch selbst. Das Familiengericht kann auch hier keine verbindliche Mediation anordnen, es kann die Eltern aber verpflichten, sich bei einem Mediator oder einer Mediatorin ihrer Wahl über die Möglichkeiten des Mediationsverfahrens zu informieren.

4.3   Gerichtliche Anordnung des Wechselmodells

In ganz Europa nimmt die Zahl der Eltern, die ihre Kinder abwechselnd betreuen, stetig zu, zeitgleich wandelt sich die Rechtsprechung dahingehend, eine paritätische Betreuung auch gerichtlich anzuordnen.

Gerichtliche Anordnung des Wechselmodells in Deutschland

Das Bürgerliche Gesetzbuch (BGB) sieht bisher keine explizite gerichtliche Anordnungsmöglichkeit einer paritätischen Betreuung vor, weshalb manche Gerichte in der Vergangenheit die gerichtliche Anordnung eines paritätischen Wechselmodells abgelehnt hatten. Andere haben das Wechselmodell dennoch angeordnet, teils im Rahmen von Sorgerechtsentscheidungen, teils im Wege von Umgangsrechtsregelungen. Häufig hängt es von der persönlichen Überzeugung der Richter/innen ab, ob sie das Wechselmodell befürworten und anordnen oder nicht – ein Zustand, der für einen Rechtsstaat untragbar ist. Eine gesetzliche Regelung ist dringend erforderlich.

Der **deutsche Bundesgerichtshof** (BGH) hat in einer Entscheidung 2017 die Anordnungsmöglichkeit grundsätzlich bejaht, wenn ein Wechselmodell dem Kindeswohl, unter Berücksichtigung des Kindeswillens, im konkreten Fall am ehesten entspricht (01.02.2017 – XII ZB 601/15). Erste OLG-Entscheidungen haben dies umgesetzt (z. B. OLG Stuttgart, 23.08.2017 – 18 UF 104/17: Kindeswohlprognose Rn. 18, 23, Deeskalationsprognose Rn. 22, Bedeutung der Gleichberechtigung zwischen Müttern und Vätern Rn. 16.). Entscheidende Kriterien sind, so der BGH (a. a. O. Rn. 25, 29), zunächst dieselben, die auch bei Entscheidungen über ein Residenzmodell gelten:

- Erziehungseignung beider Eltern
- Bindungen des Kindes
- Die Prinzipien der Förderung des Kindes durch seine Eltern
- Betreuungskontinuität (wie wurde das Kind bis zur Trennung betreut?)
- Der Wille des Kindes

Hinzu kommen wechselmodellspezifische Anforderungen nach BGH (Rn. 30):

- Nähe der elterlichen Haushalte
- Erreichbarkeit von Schule und Betreuungseinrichtungen
- Kommunikations-u. Kooperations*fähigkeit* (nicht Willen) der Eltern
- Grundkonsenses in wesentlichen Erziehungsfragen

Ein entgegenstehender Wille eines Elternteils sei unerheblich, so der BGH (a. a. O., Rn. 26). Allerdings hat der BGH konstatiert, dass ein Wechselmodell in der Regel nicht kindeswohldienlich sei, wenn zwischen den Eltern sehr hohe Konflikte herrschen. Diese Annahme der Rechtsprechung ist gefährlich, denn ein Elternteil, der das Wechselmodell verhindern will, wird durch sie ermuntert, möglichst viele Konflikte mit dem anderen Elternteil zu provozieren. Das **deutsche Bundesverfassungsgericht** (BVerfG) hatte bereits 2015 verlauten lassen, dass neben einer Kindeswohlprognose auch eine *Deeskalationsprognose* anzustellen sei (Nichtannahmebeschluss vom 24.06.2015 – 1 BvR 486/14). Die Richter/innen müssen sich also fragen, welche Auswirkungen ihre Entscheidung auf den Streit zwischen den Eltern haben wird und den Weg wählen, der am ehesten geeignet ist, eine Beruhigung des Konfliktes herbeizuführen.

Gerichtliche Anordnung der Doppelresidenz in Österreich

Das österreichische Allgemeine Bürgerliche Gesetzbuch (ABGB) sieht keine Anordnungsmöglichkeit einer paritätischen Betreuung in Form einer Doppelresidenz vor. Der **Österreichische Verfassungsgerichtshof** (VfGH) hat jedoch schon im Oktober 2015 entschieden (G 152/2015), dass dennoch eine paritätische Betreuung von den Eltern vereinbart oder vom Gericht festgelegt werden kann, wenn die Doppelresidenz für das Kind im konkreten Fall das beste Betreuungsmodell wäre. Der VfGH hatte dies mit dem Schutz des Familienlebens nach Artikel 8 der Europäischen Menschenrechtskonvention begründet, in dessen Lichte die bestehenden österreichischen Gesetze verfassungskonform zu interpretieren sind. Ein Hauptwohnsitz im Sinne des österreichischen Melderechts muss dennoch festgelegt werden, da dieser Bedingung für die Auszahlung der Familienbeihilfe ist (vgl. Abschn. 4.5). Die Familiengerichte sind jedoch noch sehr zögerlich darin, Doppelresidenzbetreuung vorzuschlagen oder anzuordnen und auch die Politik scheint wenig reformfreudig: So hat das österreichische Bundesministerium für Verfassung, Reformen, Deregulierung und Justiz 2018 in einer Broschüre „Obsorge und Kinderrechte" die Möglichkeit der Doppelresidenz nicht einmal erwähnt. In Österreich wird schon seit Jahren eine Gesetzreform gefordert, mit der die Doppelresidenz im Gesetz verankert wird. Das aufgreifend sieht das aktuelle Regierungsprogramm eine Evaluierung der Doppelresidenz in Österreich und die gesetzliche Etablierung des Doppelresidenzmodells im ABGB vor.

Gerichtliche Anordnung der alternierenden Obhut in der Schweiz

Seit der Änderung des Zivilgesetzbuches (ZGB) zur elterlichen Sorge 2014 wurde die gemeinsame elterliche Sorge unabhängig vom Zivilstand der Eltern zur Regel. Die Übertragung auf einen Elternteil allein ist eine seltene Ausnahme geworden. Dem Gesetz liegt die Überzeugung zugrunde, dass die gemeinsame Ausübung der elterlichen Sorge durch beide Elternteile dem

Kindeswohl grundsätzlich am besten entspricht, auch wenn die Eltern nicht zusammenleben. Das bedeutet jedoch nicht, dass das Kind abwechselnd bei jedem der beiden Elternteile lebt und betreut wird. Seit 2017 regeln Art. 298 und 298b ZGB, dass die zuständige Behörde (Gericht oder Kindesschutzbehörde) beim Entscheid über die Obhut und die Betreuungszeitanteile das Recht des Kindes auf regelmäßige persönliche Beziehungen zu beiden Eltern zu berücksichtigen hat. Die Behörde hat danach auch die Möglichkeit einer alternierenden Obhut zu prüfen, sofern ein Elternteil oder das Kind dies wünscht. Selbstverständlich darf die alternierende Obhut nur angeordnet werden, wenn sie dem Kindeswohl im konkreten Fall am besten entspricht.

Auch in der Schweiz war die Umsetzung in der Rechtsprechung teilweise erst noch zögerlich. 2018 hat jedoch das **Schweizerische Bundesgericht** (BG) einen wegweisenden Entscheid (20.04.2018, 5A_888/2016) zugunsten der alternierenden Obhut gefällt, in dem es einen Entscheid des Kantonsgerichts (KG) Basel bestätigt hat. Zu den Vorteilen der alternierenden Obhut hatte das KG Basel u. a. ausgeführt: *„Vielmehr würden Kinder, die sich nicht zwischen Mutter und Vater entscheiden müssten, nach dem aktuellen Stand der sozialwissenschaftlichen Forschung weniger unter Loyalitätskonflikten, Verlustängsten sowie Gefühlen des Verlassenseins und der Zurückweisung leiden. Mehr gemeinsame Zeit mit beiden Eltern in der alternierenden Betreuung führe zu einer engeren emotionalen Eltern-Kind-Beziehung und zu einer verbesserten Beziehung des Kindes zu beiden Eltern. Eine bessere bzw. engere Beziehung des Kindes zum Vater gehe jedenfalls nicht zulasten der Beziehung zur Mutter. (…) Auch das Alter des Kindes spreche nicht dagegen, zumal auch Kleinkinder in alternierender Obhut ohne Weiteres mit gleichen Betreuungsanteilen betreut werden könnten. Gerade bei Kleinkindern sei die Bedeutung des regelmäßigen Kontakts zu beiden Eltern wichtig.“* Zur Herstellung von Gleichberechtigung der Eltern hatte das KG die hälftige Zeitaufteilung verfügt, *„um die Egalität der Eltern zu unterstreichen und den Parteien eine bessere Lastenverteilung zu ermöglichen.“* Das BG hat in seinem Entscheid auch wirtschaftliche Überlegungen angestellt: *„Da das Armutsrisiko Alleinerziehender besonders hoch sei, erwachse aus der alternierenden Obhut insgesamt ein wirtschaftlicher Vorteil für die Familie, aber auch für die Volkswirtschaft. Eine Verbesserung der finanziellen Verhältnisse der Familie wirke sich nicht zuletzt auch zugunsten des Kindes aus.“* Zur Notwendigkeit der Kooperationsfähigkeit der Eltern führt das BG aus: *„Allein aus dem Umstand, dass ein Elternteil sich der alternierenden Obhut widersetzt, kann indessen nicht ohne Weiteres auf eine fehlende Kooperationsfähigkeit der Eltern geschlossen werden, die einer alternierenden Obhut im Wege steht.“* Als grundsätzlichen Anordnungsvoraussetzungen fordert das BG nur

- Erziehungsfähigkeit beider Eltern.

Als wünschenswerte Bedingungen nennt das BG weiter:

- Die Fähigkeit und Bereitschaft der Eltern über Kinderbelange miteinander zu kommunizieren und zu kooperieren
- Eine geografische Situation (Distanz zwischen den Wohnungen) die den Wechsel zwischen den Elternhäusern erlaubt
- Eine Stabilität, welche die Weiterführung der bisher geteilten Betreuungsregelung für das Kind gegebenenfalls mit sich bringt

Weitere Gesichtspunkte sind laut BG

- Die Möglichkeit der Eltern, das Kind persönlich zu betreuen
- Das Alter des Kindes
- Die Beziehungen des Kindes zu seinen (Halb- oder Stief-) Geschwistern
- Die Einbettung des Kindes in ein weiteres soziales Umfeld und
- Wünsche des Kindes hinsichtlich seines Kontakts zu seinen Eltern und Betreuung

Gerichtliche Durchsetzung des Wechselmodells
Sollten Sie erwägen, ein Wechselmodell im Wege eines Gerichtsverfahrens durchzusetzen, kann niemand voraussagen, wie das Verfahren ausgehen wird. Häufig ordnen Gericht erweiterten Umgang an, den Sozialwissenschaftler/innen als asymmetrisches Wechselmodell bezeichnen würden, dieselben Gerichte weigern sich aber, die Betreuungszeit genau hälftig festzulegen, ohne dass sie begründen könnten, warum das eine dem Kindeswohl dient und das andere nicht. Die Gründe dafür sind mitunter auch wirtschaftlicher Natur, denn der überwiegend betreuende Elternteil hat steuerrechtliche Vorteile, er/sie bekommt die kindbezogenen staatlichen Leistungen und nicht zuletzt vom weniger betreuenden Elternteil Unterhalt. Auch das traditionelle Familienbild, wonach Kinder primär zur Mutter gehören, mag hier vereinzelt noch eine Rolle spielen. Vor dem Familiengericht geht es zwar vordergründig um das „Wohl des Kindes", hintergründig jedoch oftmals um Macht und Geld. Sie sollten es sich reiflich überlegen, ob Sie sich und Ihren Kindern diesen Kampf zumuten wollen.

Praxis-Tipps für die Wahl eines Rechtsanwaltes/einer Rechtsanwältin

- Suchen Sie sich eine/n Anwalt/Anwältin besser **nicht vor Ort**. Er/sie kennen zwar „ihre" Richter/in, aber Sie wissen nicht, ob das ein Vorteil oder ein Nachteil für Sie sein wird – wahrscheinlich ist es allerdings einfach unerheblich. Aber: ein Anwalt/eine Anwältin, der/die bisher leidenschaftlich gegen das Wechselmodell argumentiert hat, kann nicht in Ihrem Fall plötzlich dafür argumentieren. Das würde ihn/sie unglaubwürdig erscheinen lassen. Suchen Sie sich eine/n Anwalt/Anwältin, der/die an ihrem Gericht keinen „Ruf" zu verlieren hat.
- Wählen Sie unbedingt eine/n **Fachanwalt/-anwältin** für Familienrecht. Mit einer komplizierten Krankheit gehen Sie ja auch nicht zum Hausarzt, sondern zum Facharzt. Und ein Wechselmodellprozess vor Gericht ist durchaus mit einer komplizierten Krankheit vergleichbar.
- Klären Sie vor der Mandatserteilung die rechtliche und persönliche **Einstellung** des Anwalts/der Anwältin gegenüber dem Wechselmodell. Wenn er/sie Ihnen davon grundsätzlich abrät, weil es nicht „im Sinne des Kindes" wäre oder weil man „keine Chance vor Gericht" hätte, spricht das gegen diese Wahl.

4.4 Wohnsitzanmeldung des Kindes

Die Anmeldung eines melderechtlichen Wohnsitzes des Kindes bei einem Elternteil ist auf den ersten Blick vielleicht keine bedeutsame Sache, im Streitfall hat sie jedoch ganz erhebliche Konsequenzen. Lebt ein Kind überwiegend bei einem Elternteil, so wird es bei diesem melderechtlich mit seinem Wohnsitz angemeldet. Bei einem paritätischen Wechselmodell ist es jedoch schwierig zu entscheiden, bei wem das Kind gemeldet sein soll und die Rechtsordnungen eröffnen keinen „Doppel-Wohnsitz" für Kinder im Wechselmodell. Häufig entscheidet hier der Zufall, wer das Kind zuerst anmeldet (oder ummeldet) und dann bleibt es dabei.

Wohnsitz in Deutschland

Zwei gleichberechtigte Hauptwohnsitze gibt es nach deutschem Recht nicht. Zwar kann man gleichzeitig an mehreren Orten einen Wohnsitz haben, aber melderechtlich ist immer eine der Wohnungen die Hauptwohnung. In § 12 Bundesmeldegesetz (BMG) heißt es: *„Hauptwohnung eines minderjährigen Einwohners ist die Wohnung der Personensorgeberechtigten; leben diese getrennt, ist Hauptwohnung die Wohnung des Personensorgeberechtigten, die von dem Minderjährigen vorwiegend benutzt wird"*. Es ist einfach nicht vorgesehen, dass ein Kind beide Wohnungen im gleichen Umfang nutzt. Zwar soll § 22

Abs. 3 (BMG) eine Abgrenzungshilfe bieten *("In Zweifelsfällen ist die vorwiegend benutzte Wohnung dort, wo der Schwerpunkt der Lebensbeziehungen des Einwohners liegt")*, aber auch das hilft bei paritätischer Betreuung im Wechselmodell nicht weiter. Das Bundesverwaltungsgericht (BVerwG) hat 2015 entschieden, dass, wenn die sorgeberechtigten Eltern sich auf keine Hauptwohnsitz einigen können, diejenige Wohnung als Hauptwohnsitz gilt, in der die Eltern mit den Kindern bis zur Trennung gelebt haben, wenn ein Elternteil sie nach der Trennung weiter bewohnt (30.09.2015 – 6 C 38.14). Hiergegen wird aktuell eine Verfassungsbeschwerde geführt.

Wohnsitz in Österreich

Das ABGB bestimmt, dass falls das Gericht beide Eltern mit der Obsorge betraut, es auch festzulegen hat, in wessen Haushalt das Kind hauptsächlich betreut wird. Der Verfassungsgerichtshof hat zwar § 180 Abs. 2 letzter Satz ABGB im Einklang mit Art. 8 EMRK so ausgelegt, dass eine elterliche Vereinbarung einer geteilten Betreuung oder eine entsprechende gerichtliche Festlegung in jenen Fällen, in denen dies aus der Sicht des Gerichts dem Kindeswohl am besten entspricht, zulässig ist (VfGH 09.10.2015, G 152/2015). Ein Wechselmodell und auch ein Nestmodell sind also grundsätzlich zulässig. Nach der Rechtsprechung des Obersten Gerichtshofes (OGH) soll bei gemeinsamer Obsorge und Betreuung des Kindes zu gleichen Teilen die Festsetzung eines Hauptaufenthalts jedoch lediglich als Anknüpfungspunkt für andere Rechtsfolgen dienen, deren Grundlage ein bestimmter Aufenthaltsort ist, *„wie für die Bestimmung des Hauptwohnsitzes des Kindes im Sinn des Melderechts oder die Geltendmachung von Familien– und Wohnbeihilfe".* Dies sei durch das Gericht in seinem Beschluss zum Ausdruck zu bringen.

Wohnsitz in der Schweiz

Auch in der Schweiz kann ein Kind nur einen Wohnsitz haben (Art. 23 Abs. 2 ZGB). Der Wohnsitz entscheidet u. a. über die Einschulung und ist Anknüpfungspunkt für sozialrechtliche und steuerrechtliche Folgen. Auch bei gleichen Betreuungszeitanteilen soll versucht werden festzustellen, wo das Kind die „engsten Beziehungen" hat. Bei einem Schulkind soll das am Ort seines Schulbesuchs sein. Lässt sich kein solcher Anknüpfungspunkt finden, müssen Sie sich als Eltern für einen Wohnsitz entscheiden, bei mehreren Kindern unter Umständen auf die Eltern verteilt. Wenn die Eltern keine Einigung finden, muss die zuständige Behörde (Gericht oder Kinderschutzbehörde) eine Bestimmung bei einem Elternteil treffen.

> **Sommers regeln den Wohnsitz der Kinder**
>
> Anna und Martin legen fest, dass Pauline und Freddy beide mit Hauptwohnsitz bei Anna in der bisherigen Wohnung gemeldet bleiben. Dadurch bekommt Anna das Kindergeld für beide Kinder.

4.5 Wechselmodell und Geld

> **Sommers reden über Geld**
>
> Anna und Martin haben sich einige Zeit davor gedrückt, über die finanziellen Folgen der Betreuung im Wechselmodell zu sprechen, jetzt führt kein Weg mehr daran vorbei und die Zahlen müssen auf den Tisch. Da sie nicht wissen, wie sie vorgehen sollen, vereinbaren Anna und Martin sich für dieses Gespräch Unterstützung durch eine Mediatorin zu holen.

Unterhaltsleistungen vereinbaren

In der traditionellen Rollenaufteilung, wenn eine(r) betreut und eine(r) bezahlt, hat der weniger oder gar nicht betreuende Elternteil **Alimente** zu zahlen, den **Unterhalt** für das Kind. Im Wechselmodell sieht das anders aus: Wenn beide Eltern

- ungefähr gleich viel betreuen,
- ungefähr gleich viel verdienen,
- jeweils für die Kosten der Kinder *bei sich* aufkommen und
- sich die größeren Ausgaben/Anschaffungen teilen,

bietet es sich an, dass wechselseitig keine Unterhaltszahlungen zwischen Mutter und Vater für die Kinder geleistet werden. Das erspart Ihnen unter Umständen lästige Diskussionen und Konflikte, was viele Eltern als Erleichterung, ja sogar als Befreiung erleben. Auch die Gerichte werden bei ungefähr gleichem Einkommen und hälftiger Betreuung keinen Kindesunterhalt festsetzen, weder in Deutschland, noch in Österreich, noch in der Schweiz (siehe unten).

Eine andere Bewertung verdient der Fall, in dem ein Elternteil *deutlich* mehr verdient als der andere (die österreichische Rechtsprechung nimmt dies bei mehr als einem Drittel Mehreinkommen des besserverdienenden Elternteils an). In diesen Fällen *kann* auch bei geteilter Betreuung ein Unterhaltsausgleich vom mehrverdienenden Elternteil an das Kind geschuldet sein.

Wenn Sie sich über Unterhaltsleistungen nicht einig sind, bleibt der Versuch in einer Mediation eine gute tragfähige Regelung zu finden und wenn das nicht gelingt, der Weg zu einem Rechtsanwalt/einer Rechtsanwältin und ggf. der Gang zum Gericht. Wie im Einzelnen der Unterhalt dort berechnet wird, kann hier nicht im Detail dargestellt werden, denn allein die Bestimmung des anzusetzenden Einkommens (z. B. was kann vom Bruttoverdienst alles in Abzug gebracht werden? Welche Einkünfte werden [nicht] einberechnet?) und andere individuelle Aspekte (z. B. wie wird gerechnet, wenn ein Elternteil nicht Vollzeit arbeitet? Wie werden Unterhaltsverpflichtungen ggü. weiteren Kindern oder anderen Angehörigen in Ansatz gebracht?) sind zu kompliziert und teilweise auch Ermessenssache des Gerichtes (z. B. Reduktion des Kindesunterhalts für Betreuung in Fällen mit erweitertem Umgang).

Praxis-Tipps: Geld im Wechselmodell

- Versuchen Sie eine **faire Regelung** untereinander zu finden, mit der alle gut leben können. Lassen Sie sich durch eine **Mediation** dabei helfen, wenn Sie es allein nicht schaffen.
- Denken Sie daran, dass Sie das Auskommen Ihrer **Kinder** regeln, nicht Leistungen an Ihren Ex-Partner/Ihre Ex-Partnerin. Sie wollen doch, dass es Ihren Kindern gut geht! Und Kinder kosten nun einmal viel Geld…
- Unter Umständen kann es angeraten sein, dass jeder Elternteil vorher **anwaltliche Beratung** in Anspruch nimmt, um den ungefähren Rahmen zu kennen, innerhalb dessen er/sie verhandeln möchte. Auf der anderen Seite stellen Anwälte häufig unrealistische Ansprüche zu Ihren Gunsten in Aussicht und treiben Eltern so in unnötige Konflikte. (Das ist ihr Beruf, davon leben sie. Wenn Sie hinterher bei Gericht schlechter wegkommen, wird Ihr Anwalt/Ihre Anwältin Ihnen trotzdem eine deftige Rechnung schreiben. Also, wenn Sie mich fragen: Lieber **Mediation** statt Rechtsanwalt.)
- Legen Sie ein „**Kinderkonto**" an, auf das alle Bezüge wie Kindergeld, Kinderzulagen, Familienzuschläge für das Kind o.ä. einbezahlt werden. Von diesem Konto können Sonderausgaben bezahlt werden oder laufende Kosten, wie Kindergartengebühren, Vereinsbeiträge oder der Musikunterricht.
- Wenn Sie mehr als ein Kind haben, kann es sinnvoll sein, bei jedem Elternteil je ein Kind mit **Wohnsitz** anzumelden, weil so jeder Elternteil staatliche Leistungen wie Kindergeld/Familienbeihilfe/Kinderzulage für ein Kind beziehen kann.
- Gleiches können Sie hinsichtlich der **Steuerfolgen** machen. Lassen Sie sich hierzu von einem/einer Steuerberater/in beraten.

Die nachfolgenden Fragen können Sie zur Vorbereitung eines Gesprächs über die finanziellen Folgen ihres Betreuungsmodells heranziehen oder als Vorbereitung auf eine Mediation.

Fragen zur Ermittlung der finanziellen Folgen des Wechselmodells

1. Einkommen
Wie viel verdienen Sie nach Abzug von Steuern, Krankenversicherung etc. aufs Jahr gerechnet?
Welche Versicherungen, Beiträge, Schuldentilgung zahlen Sie und was davon ist Ihre „eigene Sache" und was davon kindbezogen?

2. Arbeitszeit
Wenn Sie oder der Co-Elternteil nicht Vollzeit arbeiten – soll das dauerhaft sein und wechselseitig so akzeptiert werden? Oder soll hochgerechnet werden, was Sie verdienen würden, wenn Sie 100 % arbeiten würden? Gibt es überhaupt diese realistische Alternative auf Vollbeschäftigung? Ist die Teilzeitarbeit zugunsten des Kindes gemeinsam entschieden worden? Bis wann soll diese Entscheidung gelten?
Arbeitet ein Elternteil mehr als 100 %? Soll das Zusatzeinkommen mit in die Berechnung einfließen oder ist das „Privatsache"?

3. Wohnkosten
Wie viel zahlen Sie für Wohnung und Nebenkosten?
Welcher Anteil entfällt dabei auf den Wohnbedarf Ihres Kindes?

4. Kosten der Kinder
Welche Kosten haben Sie für Ihr Kind, die monatlich anfallen (Musikunterricht, Vereinsbeiträge, Schulgeld, Kosten für Kindergarten, Hortbetreuung, Nachhilfe etc.)?
Mit welcher Quote wollen Sie sich diese Kosten teilen?

5. Zusatzkosten
Wie wollen Sie mit einmaligen Zusatzkosten umgehen? (z. B. Schulausflüge und -fahrten, medizinische Zusatzkosten z. B. für eine Brille, Zahnspange u.ä., Anschaffung eines Musikinstruments, Ausrichtung einer Feier etc.)
Wer soll entscheiden und wie teilen Sie die Kosten?

6. Einnahmen der Kinder
Welche Einnahmen haben Sie ggf. für Ihr Kind? (Kindergeld, Familienbeihilfe, Kinderzulage u. ä.)

Sommers haben wichtige Punkte zu ihren Finanzen aufgeschrieben

Anna und Martin haben sich diese sechs Fragen auf Anraten ihrer Mediatorin vor dem Gesprächstermin überlegt. Interessant ist, dass sie in einigen Punkten in ihren Antworten übereinstimmen, in anderen gar nicht. Im Gespräch mit der Mediatorin finden Sie jedoch für alle Punkte eine für beide akzeptable Lösung, die sie zusammen mit der Mediatorin als vorläufige Vereinbarung abschließen.

1. **Einkommen** Martin verdient laut Einkommenssteuerbescheid im Jahr 38.400 EUR, das sind 3.200 EUR im Monat (darin ist das Weihnachtsgeld enthalten). Anna verdient mit einer halben Stelle 14.400 EUR, das sind monatlich 1.200 EUR.

2. **Arbeitszeit** Nachdem Martin erst vor kurzem die Abteilungsleiterstelle bekommen hat, kann er derzeit keine Teilzeitarbeit machen. Er hat jedoch zwei halbe Tage für home-office, sodass er die Kinder auch unter der Woche gut betreuen kann. Anna arbeitet halbtags, sie hofft aber später auf eine ganze Stelle aufstocken zu können, wenn Pauline in die Schule kommt. Martin ist damit einverstanden, dass sie so lange halbtags arbeitet, wie Pauline noch im Kindergarten ist. Spätestens im Herbst nach deren Einschulung soll sich Anna jedoch ebenfalls um eine Vollzeitstelle bemühen – notfalls auch bei einem anderen Arbeitgeber, aber nicht in einer anderen Stadt.

3. **Wohnkosten** Martin zahlt für seine kleine 4 Zimmer-Wohnung 1.200 EUR Miete, wovon jedoch seine neue Partnerin ein Drittel trägt, weil das größte Zimmer das Kinderzimmer für Pauline und Freddy ist. Martin zahlt also 800 EUR Kaltmiete. Anna soll weiter in der Eigentumswohnung wohnen bleiben – das wünscht sich auch Martin –, die beiden Eltern je zur Hälfte gehört. Die monatlichen Kreditraten zahlt Martin vorerst noch allein, bis Anna eine volle Stelle hat, danach teilen sie sich die Raten jeweils zur Hälfte. Für die von Anna bewohnte Hälfte der Wohnung müsste Anna eigentlich „Miete" an Martin zahlen. Davon sehen die beiden vorerst ab, solange Anna nur halbtags arbeitet. Im Gegenzug vereinbaren beide, dass Martin keine Unterhaltsleistungen für die Kinder an Anna zahlen muss, obwohl er mehr verdient als sie.

4. **Kosten der Kinder** Pauline geht in den Kindergarten, der monatlich 180 EUR kostet. Beide Kinder sind im Sportverein, was je Kind 12 EUR im Monat kostet. Anna und Martin teilen sich die Kosten.

5. **Zusatzkosten** wollen Anna und Martin vom Kinderkonto begleichen. Sollte das Guthaben dort nicht ausreichen, vereinbaren sie, dass vorläufig Martin 2/3 und Anna 1/3 der Kosten trägt. Wenn Anna mehr verdient, soll die Quote neu festgelegt werden.

6. **Einnahmen der Kinder** Das staatliche Kindergeld von derzeit 204 EUR je Kind bezieht Anna, sie überweist es per Dauerauftrag auf das „Kinderkonto" (zu dem beide Eltern Zugriff haben) und von dort werden Kindergarten und Sportverein überwiesen. Das restliche Geld wird für Sonderausgaben angespart.

7. **Geltungsdauer** Die Vereinbarungen sollen gelten, bis Pauline in die Schule kommt und Anna eine volle Stelle hat. Wenn absehbar ist, was sie dort verdienen wird, wollen sich Anna und Martin noch einmal zusammensetzen.

Finanzielle Folgen des Wechselmodells in Deutschland

Die Rechtsprechung zur Berechnung des **Kindesunterhalts** im Wechselmodell ist in Deutschland kompliziert und in weiten Teilen selbst für Juristinnen und Juristen kaum nachvollziehbar. So hat der BGH beispielsweise selbst bei paritätischer Betreuung (50:50 der Betreuungszeit) ein Übergewicht bei einem Elternteil ausgemacht, der zwar gleich viel betreut, wie der andere, sich aber mehr „kümmert" (indem er/sie Angelegenheiten des Kindes organisiert oder eher zuhause bleibt, wenn das Kind erkrankt) und diesem Elternteil trotz der geteilten Betreuung einen Unterhaltsanspruch für das Kind gegeben.

Ein weiteres Problem ist die Befugnis, Kindesunterhalt beim anderen Elternteil überhaupt einklagen zu dürfen. Die hat nämlich nach dem Gesetz der Elternteil, bei dem sich das Kind überwiegend aufhält. Ist die Zeit zwischen den Eltern hälftig geteilt, darf keiner von beiden eine Unterhaltsklage einreichen. Es muss dann zunächst durch das Familiengericht diese Befugnis auf einen Elternteil übertragen oder ein Ergänzungspfleger für das Kind bestellt werden. Beides ist mühsam und bringt Sie wahrscheinlich nicht weiter.

Unterhaltsvorschuss nach dem Unterhaltsvorschussgesetz (UVG) wird im Wechselmodell nicht gewährt. Das Bundesverwaltungsgericht (BVerwG) hat entschieden, dass Leistungen nach dem UVG nicht zu gewähren sind, wenn das Kind nach einer Trennung weiterhin auch durch den weniger betreuenden Elternteil in einer Weise betreut wird, die eine wesentliche Entlastung des Unterhaltsvorschuss beantragenden Elternteils bei der Betreuung des Kindes zur Folge hat (BVerwG 11.10.2012 – 5 C 2011). Das Verwaltungsgericht (VG) Göttingen hat in einem Fall konkret entschieden, dass bei einem Betreuungsumfang von 14 Tagen und 9 Nächten beim weniger betreuenden Elternteil im Monat bei keinem der Elternteile ein eindeutiger Lebensmittelpunkt feststellbar ist und deswegen ein Anspruch nach UVG ausscheidet (VG Göttingen, 17.12.2013 – 2 A 601/13).

Kinderzulagen des Arbeitgebers, staatliches Kindergeld und andere Leistungen für das Kind werden in der Regel im paritätischen Wechselmodell hälftig aufgeteilt, die Eltern können natürlich auch etwas anderes vereinbaren. Das staatliche **Kindergeld** kann aber nur an einen Elternteil ausgezahlt werden (den, bei dem das Kind melderechtlich seinen Hauptwohnsitz hat), es wird von den Familienkassen grundsätzlich nicht hälftig ausgezahlt. Der Elternteil, der das Kindergeld nicht erhält, hat einen Anspruch auf die Hälfte des Betrags, der entweder an ihn ausbezahlt oder ggf. mit Unterhaltsansprüchen verrechnet werden muss.

Da der Bundesgesetzgeber bis heute nicht die Voraussetzungen und Folgen des Wechselmodells für den Bezug von Sozialhilfe geregelt hat, mussten die Gerichte dies vorläufig tun. So werden Leistungen nach SGB II (sog. „Harz-IV"-Bezüge) je nach Betreuungszeit zwischen den Eltern aufgeteilt. Im paritätischen Wechselmodell erhält das Kind jeweils die halben SGB II Leistungen. Zusatzkosten für Unterkunft und Heizung sind dem Wohnbedarf des betreuenden Elternteils zuzuordnen. Ein Wechselmodell-Zuschlag für die „doppelte Haushaltsnutzung" des Kindes bei beiden Eltern wird zwar politisch diskutiert, ist aber noch nicht Realität. Getrennt wohnende sozialhilfebedürftige Eltern, die sich die Betreuung ihres Kindes teilen, haben aber nach einem Urteil des Bundessozialgerichtes (BSozG) *beide* Anspruch auf *die Hälfte* des **Alleinerziehendenmehrbedarfs,** wenn die Wechselintervalle *mindestens eine Woche* umfassen (BSozG, 03.03.2009 – B 4 AS 50/07 R). Das BSozG hat die „zeitweise Bedarfsgemeinschaft" entwickelt, um hierüber das dem Kind zustehende **Sozialgeld** oder **Arbeitslosengeld II (ALG II)** bei asymmetrischer Betreuungszeitverteilung für die Dauer des Aufenthalts beim leistungsberechtigten Elternteil zu regeln (BSozG, 07.11.2006 – B 7b AS 14/06 R). Dabei wird von 30 Tagen im Monat ausgegangen und die Regelleistungen des Kindes werden taggenau zu je einem Dreißigstel angerechnet.

Beide Eltern können für ihr Kind volles **Wohngeld** beziehen, wenn es von den Eltern zu „annähernd gleichen Teilen" betreut wird. Hierfür genügt laut Wohngeldverordnung schon eine Aufteilung der Betreuungszeit von mindestens einem Drittel zu zwei Dritteln. Beide Eltern dürfen also das Kind in ihrem Wohngeldantrag als „Haushaltsmitglied" angeben.

Eine Inanspruchnahme des **steuerrechtlichen Entlastungsbetrags für Alleinerziehende** ist nicht für beide Eltern zugleich möglich. Wenn beide Eltern die Voraussetzungen zum Erhalt des Entlastungsbetrags erfüllen, kann ihn trotzdem jeweils nur ein Elternteil je Kind je Monat in Anspruch nehmen. Wird ein Kind paritätisch betreut, so können die Eltern untereinander bestimmen, wem der Entlastungsbetrag zustehen soll. Können die Eltern sich nicht einigen oder treffen sie keine Bestimmung, so bekommt ihn derjenige Elternteil, an den das Kindergeld ausgezahlt wird und das ist wiederum der, bei dem das Kind gemeldet ist. Die Steuerklasse II. steht nur dem Elternteil zu, der den Entlastungsbetrag für Alleinerziehende bekommt.

Finanzielle Folgen des Wechselmodells in Österreich

Die **Alimente** werden vom weniger betreuenden Elternteil geschuldet, bis hin zu einer *„etwa gleichteiligen Betreuung",* die nach Entscheid des Obersten Gerichtshofs (OGH) von 2013 dann vorliegt, *„wenn kein Elternteil mindestens* *zwei Drittel der Betreuung durchführt"* (OGH, 19.03.2013 – 4 Ob 16/13a). Das heißt, ab einer Betreuung durch den weniger betreuenden Elternteil von mindestens 122 Tagen im Jahr gegenüber maximal 243 Tagen im Jahr für den anderen Elternteil. Hinsichtlich des Kindesunterhalts hat der OGH bereits mehrfach ausgesprochen, dass bei Vorliegen von gleichwertigen Betreuungs- und Naturalunterhaltsleistungen kein Geldunterhaltsanspruch besteht, wenn das Einkommen der Eltern ungefähr gleich hoch ist (OGH, 4 Ob 74/10a, 4 Ob 16/13a, 6 Ob 11/13f). Anderenfalls bleibt der besserverdienende Elternteil mit einem Restbetrag unterhaltspflichtig (OGH 6 Ob 11/13f; 1 Ob 58/15i). Unterschiede bis zu einem Drittel im Einkommen der Eltern sollen dabei hinzunehmen sein. Verdient ein Elternteil über ein Drittel mehr als der andere Elternteil, so steht dem Kind ein Restunterhaltsanspruch gegen den besserverdienenden Elternteil zu.

Sogenannte **„längerlebige Anschaffungen"** (z. B. Kindergarten- oder Hortkosten, Winterbekleidung, Sportausrüstung, Kosten für Nachhilfe, gesundheitlicher Sonderbedarf usw.) teilen sich die Eltern im Wechsel- modell, wenn sie ungefähr gleich viel verdienen. Verdient ein Elternteil deutlich mehr, als der andere, wird je nach Einkommensunterschied eine Quote errechnet: Verdient beispielsweise der Vater 3 × so viel wie die Mut- ter, so hat er ¾ der Kosten für diese Ausgaben zu tragen. Ist die Betreuungs- leistung nicht ungefähr gleich, sondern nur mehr als gewöhnlich (wobei jedes 2. Wochenende und 4 Wochen Ferien im Jahr, d. h. ca. 80 Tage, als „gewöhnlich" gelten), so wird pro zusätzlichem Betreuungstag 10 % vom Unterhalt abgezogen. In diesem Fall hat sich der Unterhaltsschuldner zwar an etwaigem Sonderbedarf zu beteiligen, nicht aber an den sog. „längerlebi- gen Anschaffungen".

Familienbeihilfe und Kinderabsetzbetrag stehen dem Elternteil zu, der das Kind überwiegend betreut. Im Fall der Festlegung eines Hauptaufent- halts des Kindes durch die Eltern (oder durch das Zivilgericht) hat dieser genauso wie eine Hauptwohnsitzmeldung für das Familienbeihilfeverfahren nur Indizwirkung, da das Familienlastenausgleichgesetz (FLAG 1967) weder auf den Hauptwohnsitz noch auf den Hauptaufenthalt, sondern pri- mär auf die *Haushaltszugehörigkeit* und (nachrangig) auf die überwiegende Kostentragung abstellt. Da der Gesetzgeber von einem Vorrang der Haus- haltszugehörigkeit gegenüber der Unterhaltskostentragung ausgeht, ist im Fall einer Doppelresidenz monatsbezogen zu prüfen, wessen Haushalt das Kind jeweils überwiegend angehört hat. Der für einen Monat grundsätzlich je Kind nur einfach gebührende Beihilfenanspruch steht daher nach dem Überwiegensprinzip demjenigen Elternteil zu, bei dem das Kind sich mehr aufgehalten hat. Dabei sei im Wege einer typisierenden Betrachtungsweise darauf abzustellen, bei wem das Kind im jeweiligen Monat überwiegend übernachtet hat, so das Österreichische Bundesfinanzgericht (22.08.2018 – RV/7100659/2018).

Finanzielle Folgen des Wechselmodells in der Schweiz

Auch in der Schweiz muss ein **Kinderunterhalt** bei alternierender Obhut nur dann bezahlt werden, wenn ein Elternteil deutlich mehr verdient als der andere (BG, 12.05.2015 – 5A_1017/2014). Die Eltern sollen vom Grundsatz her proportional zu Ihren Einkünften den Bedarf der Kinder decken, so der Bericht des Bundesrats „Alternierende Obhut" (2017, S. 20).

Für Kinder bis 16 Jahren erhalten Sie in der Schweiz die **Familienzulage**, wenn sie danach in Ausbildung sind vom 16. bis zum 25. Lebensjahr die **Ausbildungszulage**, wobei die Höhe der Zulagen kantonal verschieden ist. Je Kind wird von den Familienausgleichskassen nur eine Zulage gezahlt, bei angestellt Beschäftigten über die Lohnauszahlung durch den Arbeitgeber. Sind beide Eltern erwerbstätig, so muss ein/e Erstanspruchsberechtigte/r festgelegt werden (AHV/IV: Familienzulagen 2019a). Bei alternierender Obhut und gemeinsamer elterlicher Sorge ist derjenige Elternteil erstanspruchsberechtigt, der das höhere AHV-pflichtige Einkommen aus nichtselbstständiger Arbeit hat (wenn beide selbstständig erwerbstätig sind, ebenfalls derjenige mit dem höheren Einkommen). Für Beschäftigte in der Landwirtschaft gelten besondere Vorschriften (AHV/IV: Familienzulagen in der Landwirtschaft 2019b).

Der **steuerrechtliche Kinder- und Ausbildungsabzug** bei getrennt besteuerten Eltern richtet sich bei alternierender Obhut nach dem Betreuungsumfang und der Art der Steuer (Bundes-, Kantons- oder Gemeindesteuer). Ab der Steuerperiode 2018 sieht § 12a Abs. 2 StV eine hälftige Teilung des Kinderabzugs bei den Staats- und Gemeindesteuern vor, wenn

- die Eltern gemeinsame (rechtliche) elterliche Sorge haben
- das (minderjährige) Kind in alternierender Obhut betreut wird und
- für das Kind keine Alimente (periodische Unterhaltsbeiträge) nach § 34 Abs. 1 Ziff. 5 StG fliessen.

Besteht keine alternierende Obhut im Sinne ungefähr gleicher Betreuungszeitanteile, sondern nur ein erweitertes Kontaktrecht, so erhält derjenige Elternteil den Kinderabzug, der das Kind in größerem zeitlichem Umfang betreut. Nur bei den direkten Bundessteuern wird für die hälftige Aufteilung des Kinderabzugs lediglich die gemeinsame elterliche Sorge vorausgesetzt, unabhängig von der tatsächlichen Betreuungszeitverteilung.

4.6   Sorgerecht/Obsorge im Wechselmodell

Wechselmodell ohne gemeinsames Sorgerecht/Obsorge
Gemeinsames Sorgerecht/Obsorge ist nicht Bedingung, auch wenn sie in den meisten Wechselmodellfamilien gegeben ist. Aus Gründen des Kindeswohls kann jedoch auch ohne Sorgerecht eine abwechselnde verantwortungsvolle Betreuung durch beide Elternteile gelebt werden. Die meisten Kindesbelange können ggf. von einem Elternteil allein entschieden werden, ohne dass dies Einfluss auf die Betreuungszeiten der Kinder haben muss.

Wechselmodell mit gemeinsamem Sorgerecht/Obsorge
Da die meisten Eltern gemeinsames Sorgerecht haben und auch nach einer Trennung oder Scheidung behalten, kann davon ausgegangen werden, dass erst recht in Familien, die das Wechselmodell praktizieren, beide Eltern sorgeberechtigt sind. Ausnahmen kann es geben, wenn ein Elternteil die elterliche Sorge nie hatte (z. B. bei nicht verheirateten Eltern) oder nicht (uneingeschränkt) haben kann (z. B. minderjährige Eltern).

Beispiel Steward und Rebecca (sorgerechteliche Themen)

Steward ist Amerikaner und **Rebecca** ist Schweizerin. Beide leben in Berlin, sind aber getrennt und haben gemeinsame elterliche Sorge. Sie haben einen Sohn **Luis**, 6 Jahre alt, den sie im Wechselmodell betreuen.
- Steward möchte, dass Luis auf eine internationale Schule geht, da er dort besser Englisch lernen würde. Rebecca ist dagegen, weil sie diese Schule „elitär" findet und zu teuer.
- Außerdem streiten sie darum, ob, wie und wie häufig Luis Tennis spielen geht. Rebecca ist beinahe jeden Tag auf dem Tennisplatz und möchte Luis intensiv fördern. Steward findet das übertrieben in diesem Alter und er befürchtet gesundheitliche Beeinträchtigungen.
- Luis spielt gerne am Computer „Minecraft". Rebecca möchte es ihm ganz verbieten, Steward meint, eine Stunde am Tag sollte man ihn lassen.

Auch im Wechselmodell müssen Eltern nicht immer alles bis ins Detail besprechen und zu einem Konsens finden; sie müssen sich nur auf einen Modus der Aufgaben(ver)teilung einigen. Wenn die Aufteilung von Verantwortungsbereichen zwischen den Eltern nicht gelingt, kann das Gericht entweder Teilbereiche der elterlichen Sorge (z. B. die Gesundheitssorge für ein Kind oder das Recht der Aufenthaltsbestimmung) auf einen Elternteil alleine übertragen oder es kann die Alleinentscheidungsberechtigung in einer konkreten, für das Kind wichtigen Angelegenheit (z. B. die Entscheidung über die Einschulung des Kindes) auf einen Elternteil alleine übertragen.

Stressthemen

Für die Kontinuität des Kindes und das Konfliktlevel der Eltern kann es empfehlenswert sein, bestimmte „Stressthemen" betreffend auch in Betreuungsfragen Absprachen zu treffen.

Beispiele für typische „Stressthemen" zwischen Eltern

- Ernährung (Süßigkeitenkonsum, Fast-Food, Bio-Ernährung, Vegetarismus/Veganismus)
- Medienkonsum (Fernsehzeiten und -inhalte, Video-/bzw. Computerspiele, Handynutzung, Nutzung von Kommunikations-Apps)
- Schlafzeiten und -gewohnheiten (Nachtruhe, Schlafen im Elternbett)

Im Residenzmodell versucht nicht selten, der weniger betreuende Elternteil dem überwiegend betreuenden Elternteil in diesen Bereichen in die Quere zu kommen, indem er bewusst andere Regeln aufstellt (oder gar keine) oder Dinge erlaubt, die der andere verbietet und provoziert damit den Co-Elternteil. Dies kann Ausdruck des zwischen den Eltern herrschenden Machtkampfes sein. Im Wechselmodell sollten die Eltern sich bewusst sein, dass sie an einem Strang ziehen müssen, dass es keinen „primären Elternteil" und „nachgeordneten Elternteil" gibt und dass sie wahrscheinlich ihr Kind belasten, wenn sie es mit *sehr* unterschiedlichen Regeln konfrontieren.

Stressthemen in Ihrer Familie

Überlegen Sie: Welche Themen könnten in Ihrer Familie zu „Stressthemen" werden?

_____

_____

_____

_____

Gemeinsame elterliche Sorge in Deutschland

Das deutsche Bürgerliche Gesetzbuch (BGB) unterscheidet (unabhängig vom Betreuungsmodell) in § 1687 BGB zwischen Grundsatz-, Alltags- und Betreuungsentscheidungen bei getrennt lebenden Eltern:

Die wichtigsten **grundlegenden Entscheidungen** (Grundsatzentscheidungen), die das Leben des Kindes maßgeblich betreffen bzw. verändern (sog. Angelegenheiten von erheblicher Bedeutung) müssen bei gemeinsamer elterlicher Sorge auch gemeinsam getroffen werden.

Beispiele für Angelegenheiten, die gemeinsam entschieden werden müssen

- Namensgebung bei Geburt (Vorname und Nachname)
- Anmeldungen in einer Krippe, Kindergarten oder Schule
- Umzug in eine andere Stadt/ ein anderes Land
- Religionszugehörigkeit
- *gravierende* medizinische Maßnahmen
- ggf. Vermögensverwaltung (Geschenke, Erbschaften etc.)

Grundsatzentscheidungen müssen beide sorgeberechtigte Eltern gemeinsam entscheiden – hier ergibt sich kein Unterschied zwischen Wechselmodell und Residenzmodell. Wenn dies in konkreten Einzelfragen nicht gelingt, kann einem Elternteil nach § 1628 BGB das Alleinentscheidungsrecht durch das Familiengericht übertragen werden.

Beispiel Steward und Rebecca (Fortsetzung 1)

Da sich **Steward** und **Rebecca** auf die Schulwahl nicht einigen können, muss das Familiengericht die Entscheidung über die Wahl der Schule nach § 1628 BGB auf einen Elternteil allein übertragen. Es hört hierzu beide Eltern an, spricht mit Luis und ggf. auch mit seinen bisherigen pädagogischen Fachkräften, die ihn im Kindergarten betreut haben. Die gemeinsame elterliche Sorge wird im Übrigen nicht tangiert. Auch gegen die Fortsetzung des Wechselmodells spricht dieses Verfahren nicht.

Im Residenzmodell trifft der Elternteil, bei dem das Kind seinen überwiegenden Aufenthalt hat, **Alltagsentscheidungen** alleine (sog. Angelegenheiten des täglichen Lebens). Auch bei „erweitertem Umgang" oder einem Wechselmodell mit ungleicher Zeitverteilung (wobei es keine Rechtsprechung dazu gibt, bei wie viel Prozent Betreuungszeitanteil die Grenze ist – irgendwo zwischen 40:60 und 50:50 %) kann der überwiegend betreuende Elternteil Alltagsentscheidungen ohne den Co-Elternteil treffen.

Beispiele für Alltagsentscheidungen

- Abholungszeiten in der Kita
- Anmeldung zum Musikunterricht, Sportverein u. a. Hobbies
- Nachhilfe
- Teilnahme an Klassenfahrten
- Urlaubsreisen des Kindes
- Kleidung, Frisur etc.

Für Alltagsentscheidungen im Wechselmodell gibt es keine gesetzliche Regelung. Als Wechselmodelleltern *sollten* Sie beide diese Entscheidungen treffen, da Ihre Kinder bei beiden Elternteilen ihren Alltag verbringen. Gingen Ihre Kinder in einer Woche zur Nachhilfe, zum Fußballtraining, zum Flötenunterricht etc. und in der anderen Woche nicht, wäre dies kaum im Sinne der für Kinder notwendigen Kontinuität. Es wäre auch nicht gut praktikabel. Für Alltagsentscheidungen gibt es zwei Möglichkeiten, gemeinsame Verantwortung zu tragen:

- Die Eltern können sich absprechen oder
- die Eltern teilen die Verantwortungsbereiche zwischen sich auf.

Absprachen: Sie versuchen, sich in Alltagsentscheidungen zu einigen (analog § 1687 Abs. 1 S. 1 BGB).

Beispiel Steward und Rebecca (Fortsetzung 2)

Steward und **Rebecca** haben sich darauf geeinigt, dass Luis zweimal in der Woche mit seiner Mutter zum Tennis geht und darüber hinaus in den Oster- und Herbstferien ein Tenniscamp besucht. Sie haben sich außerdem vorgenommen, dass Luis einmal im Jahr von einem Orthopäden untersucht wird, um eine übermäßige Belastung durch den Sport auszuschließen.

Aufteilung: Sie können die zu entscheidenden Fragen und Aufgabenbereiche auch untereinander aufteilen. Dass das völlig „normal" ist, zeigt ein Blick auf sog. „intakte" Familien: Auch in zusammenlebenden Familien werden viele Entscheidungen im Rahmen der elterlichen Aufgabenteilung nur von einem Elternteil getroffen (z. B. Wahrnehmung und Entscheidung über schulische Belange, Gesundheitsfragen, sportliche oder musikalische Ausbildung etc.). Hierfür kann es viele gute Gründe geben.

Beispiele für Gründe für eine Aufteilung der Verantwortung in einzelnen Erziehungs- und Betreuungsbereichen

- Ein Elternteil kennt sich in der betreffenden Frage besser aus
- Ein Elternteil hat mehr Zeit, sich um diese Angelegenheit zu kümmern
- Ein Elternteil misst dem Bereich mehr Bedeutung bei etc.

Hier spielen auch die tradierten Geschlechterrollen hinein. Wenn ein Elternteil in einem Bereich die Hauptverantwortung wahrnimmt, informiert er den Co-Elternteil.

Beispiel Steward und Rebecca (Fortsetzung 3)

Das Gericht hat im Rechtsstreit um Luis´ Einschulung zwischen **Steward** und **Rebecca** einen Vergleich vermittelt, wonach Luis in die internationale Schule eingeschult wird, sein Vater aber das Schulgeld allein bezahlt.

Danach haben Steward und Rebecca in der Mediation besprochen, dass Steward sich künftig vermehrt auf den Kontakt zwischen Schule und Elternhaus konzentriert und Rebecca in wesentlichen Zügen darüber informiert. Wenn er beispielsweise an einem Elternsprechtag teilgenommen hat, schreibt er anschließend eine zusammenfassende Nachricht per E-Mail an Luis' Mutter, damit Rebecca informiert ist.

Rebecca wird sich dafür um die Organisation und Betreuung des Tennisspiels kümmern, die Kosten teilen sich die Eltern. Rebecca wird Luis Vater regelmäßig informieren, zum Beispiel wann ein Turnier ansteht. Rebecca organisiert auch die jährliche orthopädische Untersuchung für Luis und informiert Steward darüber.

Alle Entscheidungen in Fragen der tatsächlichen Betreuung, sog. **Betreuungsentscheidungen,** die während sich ein Kind bei Mutter oder Vater aufhält, anfallen, entscheidet dieser Elternteil allein („Angelegenheiten der tatsachlichen Betreuung", § 1687 Abs. 1 Satz 4 BGB) und zwar unabhängig vom Betreuungsmodell und davon, ob er oder sie überhaupt Sorgerecht hat oder nicht.

Beispiele für Betreuungsentscheidungen

- Ernährung
- Kleidung
- Freizeitbeschäftigung
- Schlafzeiten
- Medienkonsum
- Kontakt zu Dritten (auch mit den Schwiegereltern oder dem/der neuen Partner/in)

Das bedeutet einerseits, dass jeder Elternteil entscheidet, wann das Kind ins Bett geht, was es isst, mit wem es spielt usw. – andererseits heißt das auch, dass man sich in die Entscheidungen des Co-Elternteils nicht einmischen soll.

Rechtliche Verantwortung im Wechselmodell

Das Wechselmodell kommt im BGB nicht vor. Die oben beschriebenen Entscheidungskompetenzen der Eltern im Rahmen der elterlichen Sorge sind im paritätischen Wechselmodell dieselben, aber sie „passen nicht". Sie passen aus zwei Gründen nicht: Erstens, weil man im Wechselmodell nicht nur von einem rechtlichen, sondern auch von einem pädagogischen *Verantwortungsverständnis* ausgeht und zweitens, weil sich im Wechsel-modell *kein Elternteil, der das Kind überwiegend betreut,* ausmachen lässt. Im Wechselmodell *sollten* die Eltern im Idealfall gleichberechtigt über die Belange des Kindes entscheiden. Dafür muss im Wechselmodell nicht zwangsläufig die gemeinsame (uneingeschränkte) rechtliche elterliche Sorge vorliegen. Die Eltern sollten sich aber, nach dem hier zugrunde gelegten Wechselmodellverständnis, möglichst weitgehend die Grundsatzent-scheidungen und auch die Alltagsverantwortung teilen.

> Entscheidungsverantwortung teilen heißt nicht zwingend, alles gemeinsam zu entscheiden. Im Wechselmodell müssen Eltern nicht alles bis ins Detail besprechen, sondern sich auf einen Modus der Aufgaben(ver)teilung einigen.

Elterliche Verantwortung im österreichischen Recht

Nach einer Trennung bleibt die Obsorge grundsätzlich unverändert. Alltags-entscheidungen trifft jeder obsorgeberechtigte Elternteil allein. Selbst der nicht obsorgeberechtigte Elternteil darf im Residenzmodell in der Zeit seiner Betreuung den mit der Obsorge betrauten Elternteil in Obsorgeangelegenhei-ten des täglichen Lebens vertreten. Er oder sie ist berechtigt und verpflichtet, in dieser Zeit die Pflege und Erziehung des Kindes auszuüben. Im Gegen-satz zu Deutschland sind die gemeinsam obsorgeberechtigten Eltern in Öster-reich jeweils alleinvertretungsberechtigt. Nur wichtige Vertretungshandlungen benötigen bei gemeinsamer Obsorge die Zustimmung beider Elternteile.

> **Beispiele für wichtige Entscheidungen, die beide Eltern gemeinsam treffen**
> - Die Änderung des Vornamens oder des Familiennamens
> - Der Ein- und Austritt in eine Kirche oder Religionsgemeinschaft

- Die Übergabe des Kindes in fremde Pflege
- Der Erwerb oder Verzicht einer Staatsangehörigkeit
- Die vorzeitige Lösung eines Lehr-, Ausbildungs- oder Dienstvertrags
- Die Anerkennung der Vaterschaft zu einem nichtehelichen Kind (ihres Kindes, also Ihres Enkels).

Bei Vermögensangelegenheiten, die über alltägliche Vermögensverfügungen hinausgehen, ist neben der Zustimmung beider Eltern auch noch die pflegschaftsgerichtliche Genehmigung erforderlich.

Beispiele für nicht alltägliche Vermögensverfügungen

- Der Verzicht auf ein Erbrecht
- Die unbedingte Annahme oder Ausschlagung einer Erbschaft
- Die Annahme einer mit Belastungen verbundenen Schenkung
- Die Einbringung einer Klage für das Kind.

Jeder Elternteil hat dem anderen bei der Ausübung seiner Obsorgepflichten beizustehen und ihn ggf. zu vertreten. Diese Befugnis haben seit 2013 auch volljährige Personen, die mit dem Kind und dem obsorgeberechtigten Elternteil in häuslicher Gemeinschaft leben, das sind namentlich Lebenspartner/innen und erwachsene Verwandtschaft.

Im Zuge einer einvernehmlichen Scheidung (oder Auflösung einer eingetragenen Partnerschaft) ist vor Gericht zwingend eine Vereinbarung über die Obsorge, die Kontakte und den Kindesunterhalt zu treffen. Die Eltern müssen sich vor einer einvernehmlichen Regelung der Scheidungsfolgen über die spezifischen aus der Scheidung resultierenden Bedürfnisse ihrer minderjährigen Kinder bei einer geeigneten Person oder Einrichtung beraten lassen. Wenn keine einvernehmliche Scheidung möglich ist, kann, nach Einbringung einer Klage, in einem „streitigen" Scheidungsverfahren geschieden werden. In diesem Verfahren gibt es allerdings keine Regelung der Obsorge, der Kontakte und des Kindesunterhalts durch das Gericht; für diese Fragen sind gesonderte Gerichtsverfahren anzustrengen.

Elterliche Verantwortung im schweizerischen Recht

In der Schweiz wird mit dem Begriff der **Obhut** die faktische Betreuung, das Zusammenleben mit dem Kind verstanden. Folglich heißt das Wechselmodell hier alternierende Obhut. Raum für Besuchskontakte gibt es daneben nicht mehr. Die **elterliche Sorge** haben verheiratete Eltern automatisch ab Geburt des Kindes. Bei einer Scheidung müssen die Gerichte über die elterliche Sorge befinden, wobei der Fortbestand der gemeinsamen elterlichen Sorge als Regel und die Zuteilung der Alleinsorge als Ausnahme angesehen werden. Nicht miteinander verheiratete Eltern können durch eine **gemeinsame Erklärung** die gemeinsame elterliche Sorge begründen, in der sie ihre Bereitschaft bestätigen, gemeinsam die Verantwortung für das Kind zu übernehmen und sich über die Obhut und den persönlichen Verkehr oder die Betreuungsanteile sowie über den Unterhaltsbeitrag für das Kind verständigt zu haben.

Bei gemeinsamer elterlicher Sorge können beide Elternteile nach Art. 301 Abs. 1 ZGB ohne das Einverständnis des anderen Elternteils – unabhängig vom Betreuungsmodell – zulässig alleine handeln bei

- alltäglichen Angelegenheiten
- dringenden Angelegenheiten
- fehlender Erreichbarkeit eines Elternteils.

Der in alternierender Obhut jeweils betreuende Elternteil darf alltägliche Entscheidungen also allein treffen. Die Abgrenzung zu „nicht alltäglichen Entscheidungen" ist unscharf. Eine nicht alltägliche Entscheidung soll diejenige sein, die schwer abzuändernde Auswirkungen auf das Leben eines Kindes hat. Diese betreffen insbesondere Schule und Verwaltung des Vermögens und die Bestimmung des Aufenthaltsortes.

Sommers regeln sorgerechtliche Kompetenzen

Anna und Martin haben das gemeinsame Sorgerecht und dabei wird es selbstverständlich bleiben. Aus rechtlicher Sicht müssen sie im kommenden Jahr gemeinsam entscheiden, in welche Schule Pauline eingeschult werden wird. Sie werden die Schule wählen, die von beiden Elternwohnungen am besten erreichbar ist und auf die auch die meisten Kindergartenfreunde von Pauline gehen werden. Weitere „Entscheidungen von erheblicher Bedeutung" sind nicht absehbar. Anna und Martin vereinbaren jedoch, dass sie sich auch in Zukunft über die Frage der Hobbies der Kinder (Turnverein, Ballett, Musikunterricht) absprechen werden und gemeinsam entscheiden. Anna wollte zuerst gerne ausschließen, dass die neue Freundin von Martin in der Betreuungszeit des Vaters eine zu große Rolle spielt oder gar mit erzieht. Ihr ist aber deutlich geworden, dass sie dies nicht verhindern kann und dass sie umgekehrt auch Dritte an der Betreuung und Erziehung beteiligen kann, ohne Martin um Erlaubnis bitten zu müssen. Die Mediatorin hat vorgeschlagen, dass die beiden Frauen sich einmal in einem Café treffen, um sich ein bisschen kennenzulernen. Anna willigt ein, aber erst in den Sommerferien, wenn sie den Kopf freier hat als jetzt, wo es so vieles zu regeln und zu organisieren gibt …

Zusammenfassung

Insgesamt kann man festhalten, dass es in Deutschland, Österreich und in der Schweiz nur bei Entscheidungen von erheblicher Bedeutung tatsächlich eine gemeinsame Entscheidung beider Eltern rechtlich benötigt. Häufig sind sogar über Jahre solche Entscheidungen gar nicht zu treffen. Die Eltern sollten sich jedoch nach Möglichkeit auch in Alltagsfragen abstimmen, weil sie sich dadurch Ihr Leben erleichtern und das Ihrer Kinder und in Betreuungsfragen sollten Sie mit Gelassenheit darauf vertrauen, dass der Co-Elternteil seine Sache gut macht und Ihre Kinder dadurch lernen, dass es unterschiedliche Lebensentwürfe gibt, verschiedene Werte und Regeln, dass sie dadurch zur kritischen Reflexion angeregt werden und sich ohnehin irgendwann ihre eigene Meinung bilden werden.

Literatur

AHV/IV (Hrsg.). (2019a). *Familienzulagen.* Informationsbroschüre, Stand 1.1.2019. https://www.ahv-iv.ch/p/6.08.d.

AHV/IV (Hrsg.). (2019b). *Familienzulagen in der Landwirtschaft.* Informationsbroschüre, Stand 1.1.2019. https://www.ahv-iv.ch/p/6.09.d.

Bericht des Bundesrates. (2017). *Alternierende Obhut.* https://www.bj.admin.ch/dam/data/bj/gesellschaft/gesetzgebung/kindesunterhalt/ber-br-d.pdf.

Österreichisches Bundesministerium für Verfassung, Reformen, Deregulierung und Justiz. (2018). *Obsorge und Kinderrechte.* https://www.justiz.gv.at/web2013/file/2c94848a62d8d35001634e221c293198.de.0/justiz_obsorgebericht_download.pdf.

5

Psychologische Aspekte des Wechselmodells: Was tut Müttern – Vätern – Kindern gut?

© Katharina Kravets

© Springer Fachmedien Wiesbaden GmbH, ein Teil von Springer Nature 2020
H. Sünderhauf, *Praxisratgeber Wechselmodell*,
https://doi.org/10.1007/978-3-658-27210-4_5

5.1 Erkenntnisse aus 40 Jahren Scheidungsfolgenforschung

Wandel der Forschungsfragen im Laufe der Zeit

Die psychologische Forschung beschäftigt sich seit über 40 Jahren, seit Elterntrennung und Ehescheidung zu Massenphänomenen wurden, mit den psychischen Folgen für Kinder und deren Eltern. Dabei hat sich die Fragestellung im Laufe der Jahrzehnte gewandelt (Abb. 5.1): In den 70er Jahren war es noch fraglich, ob es überhaupt ratsam ist, mit dem Elternteil, bei dem das Kind nicht wohnt, weiterhin Kontakte zu haben. Die Fragestellung wandelte sich in den 80er und 90er Jahren dahingehend, wie viele Kontakte (wie häufige, wie lange?) und welche Art von Kontakten (Alltag oder Freizeit? Besuche oder Mitbetreuung?) Kinder mit dem „anderen Elternteil", meist dem Vater, haben sollten. In den vergangenen 15 Jahren wurden vermehrt Wechselmodelle erforscht und heute ist es unbestritten Stand der psychologischen Forschung, dass ein gelingendes Wechselmodell *in der Regel* die beste Betreuungsform für Kinder getrenntlebender Eltern ist. Lediglich die Fragen, ob es auch für Kleinkinder unter drei Jahren ratsam ist und wie sich das Wechselmodell bei extrem konfliktverstrickten Eltern (sog. Hochstrittigkeit) auswirkt, werden unter den Expertinnen und Experten noch kontrovers diskutiert.

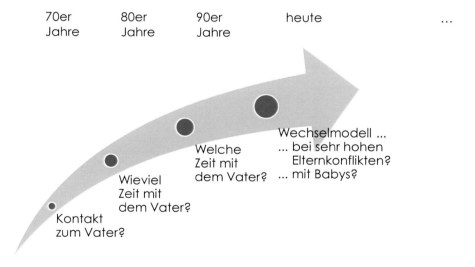

Abb. 5.1   Entwicklung der Forschungsfragen

Für Sie ist es eine der bedeutsamsten Fragen, was zu einem guten Gelingen beitragen kann und wo es Grenzen gibt oder sogar Kontraindikationen, d. h. wann von Betreuung im Wechselmodell abgeraten werden muss.

Was kann erforscht werden?
Empirische Sozialforschung kann Zusammenhänge aufzeigen, sie kann aber keine sicheren Ursache-Wirkung-Aussagen treffen. Wenn von hunderttausend Kindern diejenigen, die im Wechselmodell betreut werden, weniger psychische Probleme haben, dann lässt das den Schluss zu, dass das Wechselmodell *generell* ein vorteilhaftes Betreuungsmodell ist. Zwei Einschränkungen muss man jedoch hinnehmen:

- **Selbstselektionseffekte:** Es kann *nicht* gesagt werden, ob es den Kindern besser geht, weil sie im Wechselmodell betreut werden oder ob sie vielleicht im Wechselmodell betreut werden, weil sie die „besseren Eltern" haben (die sich mehr zurücknehmen können, die das Wohl der Kinder in den Mittelpunkt setzen, die sich versuchen kooperativ zu verhalten und nicht konfliktverschärfend) und es ihnen deshalb besser geht (den Kindern dieser Eltern würde es wahrscheinlich auch im Residenzmodell gut gehen). Diese Effekte (sog. Selbstselektion) sind nicht von der Hand zu weisen, und dennoch erlaubt der Blick auf sehr viele Kinder in großen Untersuchungsgruppen eine aussagekräftige Tendenz festzustellen.
- **Einzelfall:** Für die Beurteilung eines konkreten Einzelfalls kann Empirie sowieso keine sichere Antwort geben. Natürlich gibt es auch unglückliche Kinder im Wechselmodell und glückliche Kinder im Residenzmodell und niemand kann ganz genau sagen, warum sie zufrieden oder unzufrieden sind. Insofern sind alle Argumentationen mit Einzelfällen („Ich kenne da jemanden, der …") völlig irrelevant, sowohl im Verhältnis zu empirisch getroffenen Aussagen, als auch für Ihren persönlichen Fall.

Stressoren und Ressourcen für Kinder
Zunächst sollten Sie bitte kurz etwas über die Erkenntnisse der allgemeinen Scheidungsfolgenforschung lesen, bevor Sie die wechselmodellspezifische Forschung betrachten. Die psychologische Scheidungsfolgenforschung unterscheidet zwischen Stressoren und Ressourcen für Kinder anlässlich der Trennung ihrer Eltern (Abb. 5.2). Studien haben auf der einen Seite **Stressoren** herausgefunden, also Themenfelder, die Kinder nach Trennung/ Scheidung ihrer Eltern belasten und ursächlich dafür sein können, dass es den Kindern von getrenntlebenden Eltern schlechter geht, als Kindern mit

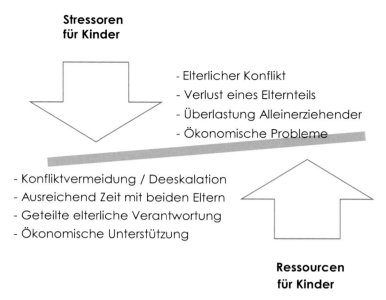

Abb. 5.2 Stressoren und Ressourcen für Kinder nach Trennung/Scheidung

zusammenlebenden Eltern (das zeigen die Studien und Meta-Analysen von Amato und Keith 1991a, b; Amato und Gilbreth 1999; Amato 1993, 2001; Bauserman 2002, 2012).

Zentrale Stressoren für Kinder anlässlich der Trennung ihrer Eltern

- Elterlicher Konflikt
- Verlust des Kontaktes zu einem Elternteil
- Überlastung des alleinerziehenden Elternteils
- Ökonomische Probleme

Auf der Gegenseite sind daraus **Ressourcen** ableitbar, die es Kindern erleichtern, mit elterlicher Trennung umzugehen:

Wesentliche Ressourcen für Kinder anlässlich der Trennung ihrer Eltern

- Konfliktvermeidung oder Konfliktdeeskalation
- Ausreichend Zeit mit beiden Eltern
- Geteilte elterliche Verantwortung für die Betreuung des Kindes
- Ökonomische Unterstützung

Es lässt sich empirisch nachweisen, dass die Belastung mit Konflikten zwischen den Eltern für Kinder die wahrscheinlich größte Belastung als Folge des Trennungs- und Scheidungsgeschehens sind. Je weniger Stressoren, desto besser geht es den Kindern und je mehr Ressourcen sie auf der anderen Seite zur Verfügung haben, desto weniger leiden sie unter den negativen Auswirkungen der elterlichen Trennung.

Für die Wahl Ihres Betreuungsmodells bedeutet dies:

- **Konfliktvermeidung:** Jede Regelung, die dazu führt, dass Sie und der Co-Elternteil weniger Konflikte haben, die Streit vermeidet oder vorhandenen Streit schlichtet, ist zu begrüßen. Konflikte belasten Kinder oft mehr, als die Trennung ihrer Eltern an sich.
- **Ausreichend Zeit mit beiden Eltern:** Wählen Sie eine Betreuungsregelung, die jedem Elternteil ausreichend substanzielle Zeit gibt, die es ihm ermöglicht eine bedeutsame Beziehung zum Kind aufzubauen oder zu erhalten. Umgekehrt geben Sie Ihren Kindern die Möglichkeit, ausreichend Zeit mit beiden Eltern zu verbringen, die ihrem Bedürfnis nach Liebe und Beziehung zu beiden Eltern Rechnung trägt. Die Zeitaufteilung muss dabei nicht zwingend halbe-halbe sein, aber beide Eltern sollten den Kinderalltag teilen (insbesondere Kindergarten – oder Schulalltag, aber auch Hobbies der Kinder, ihre Freundschaften etc.). Umgekehrt sollen Ihre Kinder Sie auch in Ihrem Alltag erleben (Arbeit, Haushalt, Hobbies, Sozialkontakte etc.), nicht nur in Ihrer Freizeit.
- **Geteilte elterliche Verantwortung:** Teilen Sie sich die Verantwortung für Ihre Kinder so, dass Freuden und Lasten des Elternseins nicht einseitig verteilt sind. Ihre Ressourcen sind begrenzt, und wenn Ihre Kinder von den Ressourcen beider Eltern profitieren, bekommen sie insgesamt mehr von ihren Eltern mit.
- **Ökonomische: Ressourcen** Geld sichert keine glückliche Kindheit, aber Aufwachsen in (relativer) Armut macht es Kindern schwerer und verringert ihre Chancen auf eine gute Entwicklung. Eine Betreuungsregelung, die auf der einen Seite beiden Eltern Erwerbstätigkeit und Einkommen und auf der anderen Seite den Kindern die Teilhabe an größeren ökonomischen Ressourcen ermöglicht, ist von Vorteil.

Bei allen Überlegungen und Entscheidungen sollen die Interessen der Kinder im Vordergrund stehen, aber das bedeutet noch lange nicht, dass Überlegungen, die den Eltern das Leben angenehmer machen, nicht mittelbar positiven Einfluss auf die Kinder hätten. Glücklichere Eltern haben (meistens) auch die glücklicheren Kinder.

Zusammenfassung

40 Jahre Scheidungsfolgenforschung haben gezeigt, dass Kinder vor allem unter Konflikten zwischen den Eltern leiden, unter Verlust (oder starker Beschränkung) des Kontaktes zu einem Elternteil, unter Armut und unter der Überlastung des sie betreuenden alleinerziehenden Elternteils. Aus Sicht der Kinder ist daher eine Betreuungslösung zu finden, die diese vier Stressfaktoren möglichst reduziert.

5.2   Forschung zu Betreuung im Wechselmodell

Aktuell liegen international rund 60 wissenschaftliche Forschungsstudien zum Wechselmodell und seinen Auswirkungen auf Kinder und Eltern vor. Die meisten kommen aus den USA, einige aus Australien und Belgien (wo Shared Parenting als gesetzliches Leitbild etabliert ist) und viele Studien kommen aus Skandinavien, allen voran aus Schweden (vgl. Fransson et al. 2019), weil dort Betreuung im Wechselmodell sehr weit verbreitet ist.[1] In der Gesamtschau erlauben die Ergebnisse dieser Studien die Annahme, dass Betreuung im Wechselmodell geeignet ist, gute oder sogar bessere Lebensbedingungen für Kinder getrennter Eltern zu schaffen (im Vergleich zur Betreuung im Residenzmodell) und dass sowohl Kinder, als auch Eltern von geteilter Betreuung profitieren können (Bauserman 2002; Nielsen 2018, 2019). Im Folgenden werden nicht die 60 einzelnen Studien vorgestellt (vgl. dazu Nielsen a. a. O.), sondern die zentralen Themen benannt und die jeweiligen Studien, die diese Annahme stützen, angegeben. Einige besonders interessante Ergebnisse werden herausgehoben und vorgestellt.

---

[1]In Deutschland wird aktuell im Auftrag des Bundesfamilienministeriums (BMFSFJ) eine große Studie „Kindeswohl und Umgangsrecht" durchgeführt, deren Ergebnisse zur Zeit der Drucklegung zu diesem Buch noch nicht veröffentlicht waren. Aus Österreich liegen einige psychologische Diplom- und Masterarbeiten vor, eine größere Studie soll Ende 2019 veröffentlicht werden und aus der Schweiz gibt es zwar keine Forschungsstudien, wohl aber eine interdisziplinäre Aufbereitung des Themas im Auftrag des Bundesrates (Cottier et al. 2017).

5.3 Auswirkungen von Wechselmodellbetreuung auf Kinder

Eine Erklärung vorab zur Bedeutung von Bindungen und Beziehungen:

Bindung wird in der zitierten Forschung im Sinne von (engl.) „attachment" verstanden, d. h. die tiefe in der Seele verankerte Vertrauensbeziehung zwischen Eltern und Kindern, deren Grundlage in den ersten Lebensjahren gelegt wird.

Beziehung meint eher das aktuelle, im Laufe der Zeit entwickelte und reflektierte Verhältnis zwischen Kindern und ihren Eltern oder anderen nahestehenden Menschen (engl. „relationship").

Ein wesentlicher Unterschied ist vor allem, dass Bindungsbeziehungen nur zu wenigen (oft nur ein bis zwei) zentralen Bindungspersonen bestehen, während wir Beziehungen zu beliebig vielen Menschen haben können. Dabei ist es aus Sicht des Kindes nicht allein wichtig, *ob* es eine Bindung zu einem Elternteil entwickeln kann und *zu wem* es sie hat (obwohl das Gegenstand vieler juristischer Verhandlungen ist). Bedeutsam ist vor allem die *Qualität* einer Bindungsbeziehung, die zwischen einer sicheren Bindung und verschiedenen unsicheren Bindungsqualitäten variieren kann. Für eine sichere Bindungsqualität ist vor allem Feinfühligkeit und emotionale Verfügbarkeit der Bezugsperson eine zentrale Voraussetzung (und daher eigentlich auch möglichst Stressfreiheit der Eltern). Die fünf Merkmale einer Bindungsbeziehung: sind 1) Dauerhaftigkeit, 2) ein enges emotionales Band 3) die Bindungsperson ist nicht austauschbar 4) das Kind empfindet Kummer/Trauer bei Verlust oder Abwesenheit der Bindungsperson und 5) das Verhältnis hat eine sichere Basis, die es auch bei Belastungen trägt.

Nachdenken über eigene Bindungen und Beziehungen

Halten Sie einen Moment inne und denken Sie nach: Zu welchen Personen haben sie enge emotionale Bindungen dieser Art als Kind entwickelt?

_____
_____

Zu welchen Personen haben Sie darüber hinaus im Laufe ihres Lebens sehr enge Beziehungen aufgebaut?

_____
_____

Was wünsche Sie sich für Ihre Kinder, wenn diese eines Tages auf die Bindungen und Beziehungen ihrer Kindheit zurück blicken?

_____
_____

Nun zu den konkreten Forschungsergebnissen

Eltern-Kind-Bindung
Mehr Zeit mit dem Vater bei Betreuung im Wechselmodell führt zu einer stärkeren **emotionalen Vater-Kind-Bindung** als bei Betreuung im Residenzmodell (Abarbanel 1979; Steinman 1981; Luepnitz 1986; Fabricius und Luecken 2007; Aquilino 2006; Amann 2016). Kinder im Wechselmodell zeigen sogar eine gleich enge Eltern-Kind-Bindung, wie Kinder in „intakten" Familien (Spruit und Duindam 2010; Bergström 2012; Amann 2016). Das ist aus meiner Sicht das wichtigste Argument für die Vorteile der geteilten Betreuung. Denn dass eine stabile Eltern-Kind-Bindung für ein glückliches Aufwachsen Bedingung ist, wissen wir.

Eltern-Kind-Beziehung
Kinder in Wechselmodell-Familien haben sogar eine engere **Eltern-Kind-Beziehung** zu ihrem Vater, als Kinder in intakten Familien (Health Behaviour in School-Aged Children Study (HBSC) der Welt Gesundheits Organisation WHO/Bjarnason und Arnarsson 2011). Die bessere Beziehung zum Vater geht dabei nicht zulasten der Mutter (Bjarnason und Arnarsson 2011; Amann 2016). Das ist besonders wichtig, da manche Mütter Angst haben, ihre gute Beziehung zum Kind könnte daran Schaden nehmen, wenn das Kind *auch* eine gute Beziehung zum Vater hat. Das Gegenteil ist jedoch der Fall: Kinder im Wechselmodell haben sogar eine engere Mutter-Beziehung als Kinder in mütterlicher Alleinsorge (Maccoby et al. 1993; Fabricius 2003; Bjarnason und Arnarsson 2011).

Psychische Gesundheit
Zunächst gab es die These, Kinder im Wechselmodell würden verwirrt und psychisch instabil sein. Dies konnte schnell widerlegt werden, denn die Kinder, die im Wechselmodell betreut wurden, zeigten gute **psychische Anpassungswerte**[2], was schon die ersten und ältesten wissenschaftlichen Berichte über Kinder im Wechselmodell bestätigten (Abarbanel 1979; Steinman 1981; Luepnitz 1982) sowie viele spätere Studien (McKinnon und Wallerstein 1986; Pearson und Thoennes 1990; Spruijt und Duindam 2010). Kindern im Wechselmodell geht es psychisch ebenso gut, wie Kindern im Residenzmodell, oder sogar besser (Underwood 1989; Bauserman 2002; Breivik und Olweus 2006; Kaspiew et al. 2009). Kinder

---

[2]Der Begriff der „Anpassung" meint in der Entwicklungspsychologie ausnahmslos Positives, nicht etwa „Angepasstheit" im negativen Sinne.

im Wechselmodell zeigen auch eine bessere sozio-emotionale und kognitive Entwicklung (gemessen an ihrer Sprachentwicklung) als Kinder im Residenzmodell (Cashmore et al. 2010). Eine schwedische Studie hat 2017 das Vorliegen „psychologischer Symptome" bei 3656 Kindern im Alter von 3 bis 5 Jahren in unterschiedlichen Betreuungsmodellen untersucht. Anhand eines Fragebogens (SDQ = strength and difficulties questionnaire), den Eltern und Vorschulpädagog/innen ausgefüllt haben, wurde aufgezeigt, dass Kinder in zusammenlebenden Familien die wenigsten psychologischen Auffälligkeiten zeigen, Kinder im Wechselmodell mehr und Kinder, die im Residenzmodell betreut werden, am häufigsten (Bergström et al. 2017).

Emotionale Stabilität

Ich höre immer wieder die Befürchtung, Kindern in Wechselmodell würde es an **„Stabilität"** fehlen. Dem Gedanken liegt ein Denkfehler zugrunde. Kinder im Wechselmodell leben nicht „jede Woche woanders", sondern sie leben abwechselnd bei ihren Eltern (A und B), zu denen sie eine enge, stabile Bindung haben. Es ist ein sehr stabiles Betreuungsmodell, wenn die Kinder immer abwechseln betreut werden (A – B – A – B – A – B usw.). Und sie pendeln auch nicht wahllos zwischen verschiedenen Orten herum, sondern gehen in ihr Zuhause bei A und ihr Zuhause bei B. Die Kinder ziehen nicht jede Woche um, sondern sie gehen immer *nach Hause*. Emotionale Stabilität ist keine geografische, sondern eine psychologische Größe. Emotionale Stabilität wird also nicht in erster Linie durch das Leben in immer derselben Wohnung gefördert, sondern durch *Beziehungskontinuität*, auch und gerade in der abwechselnden Betreuung. Im Residenzmodell hingegen müssen viele Kinder den Abbruch (oder eine gravierende Einschränkung) einer für sie wichtigen Bindung und Beziehung zu einem Elternteil erleben, was sie destabilisieren kann. Die US-amerikanische Entwicklungspsychologin *Joan Kelly* und der britische Entwicklungspsychologe *Michael Lamb*, beide ausgewiesene Spezialisten über die Auswirkungen von Trennung und Scheidung auf Kinder, haben dazu geschrieben: *„An einem Ort zu leben (geografische Stabilität) vermittelt nur eine Form von Stabilität. Stabilität wird für Babys (und größere Kinder) auch durch vorhersehbares Kommen und Gehen beider Eltern, regelmäßige Mahlzeiten und Schlafzeiten, konsistente und angemessene Fürsorge und Affektion und Akzeptanz erzeugt."* (Kelly und Lamb 2000, S. 305).

Auswirkungen von elterlichen Konflikten und Hochstrittigkeit auf Kinder im Wechselmodell

Es gibt einige Studien, die untersucht haben, wie es Kindern mit „hochstrittigen Eltern" im Wechselmodell ergangen ist (z. B. McIntosh et al. 2008, 2010). Sie kommen zu dem Ergebnis, dass es den Kindern nicht gut geht. Diese Studien sind jedoch nicht sehr aussagekräftig, da sie nicht beantworten können, wie es diesen Kindern in einem anderen Betreuungsmodell ergangen wäre, und es gab in diesen Studien auch keine entsprechenden Vergleichsgruppen. Deshalb bestätigen diese Studien, was wir schon wissen: elterlicher Konflikt schadet den Kindern und das Wechselmodell ist kein „Allheilmittel", das alle Verletzungen und Probleme, die „Hochstrittigkeit" den Kindern bereitet, mildern könnte. Auf der anderen Seite gibt es namhafte Autor/innen, die *gerade* bei Hochstrittigkeit eine paritätische Betreuung empfehlen, weil sie davon ausgehen, dass **Bindung wichtiger ist als Konfliktfreiheit:** Mehr Zeit mit einem Elternteil erhöht die Eltern-Kind-Bindung und kann so die Belastung durch elterliche Konflikte kompensieren (Fabricius und Luecken 2007, S. 202; Fabricius et al. 2012; für eine ausführliche Darstellung zum Wechselmodell bei Konflikten bzw. Hochstrittigkeit siehe Sünderhauf 2013, S. 335–358). Fabricius et al. (2012) kommen in ihren Studien zu zwei wesentlichen Ergebnissen:

1. Die Summe der verbrachten Zeit wirkt sich positiv auf die Entwicklung der Kinder aus, und zwar unabhängig vom Konfliktniveau der Eltern.
2. Hoher Konflikt zwischen den Eltern wirkt sich negativ auf die Entwicklung der Kinder aus und zwar unabhängig von der Summe der gemeinsam verbrachten Zeit.

Das heißt, dass auch Kinder, die den einen Elternteil wenig oder gar nicht sehen, unter den elterlichen Konflikten leiden. Anderes herum: Durch Reduktion des Kontakts kann der negative Einfluss der Konflikte nicht kontrolliert werden. Die Autoren raten hochstrittigen Eltern zu abwechselnder Betreuung mit möglichst wenig Wechseln und neutraler Übergabe.

In der bislang einzigen deutschen empirischen Studie zum Wechselmodell (Frigger 2008) waren die Hälfte der Familien „hochstrittige Fälle". In einem Fall hatte das Familiengericht aufgrund des Streites um das Sorgerecht sogar ein Verfahren wegen Kindeswohlgefährdung eingeleitet und in zwei Familien hatte es vor der Trennung häusliche Gewalt gegeben (a. a. O., S. 59 f.). Sowohl die Eltern als auch die Kinder in den „hochstrittigen Familien" kamen jedoch mit dem Wechselmodell gut zurecht: *„Zwar ist das Spannungsfeld, in dem diese Kinder leben, in manchen Familien deutlich grösser und die Situation erheblich schwieriger. Dennoch scheinen auch Kinder in konflikthaften Familien mit einer abwechselnden Betreuung zurecht zu kommen."* (a. a. O., S. 108)

Stressbelastung bei Kindern
Der schwedische Psychologe *Turunen* (2015) hat 807 Kinder im Alter von 10 bis 18 Jahren über einen Zeitraum von 6 Monaten einen Selbst-

report über ihr **Stresserleben** führen lassen. Das Ergebnis ist, dass Kinder in zusammenlebenden Familien am wenigsten Stress berichten, Kinder im Wechselmodell aber deutlich weniger als Kinder im Residenzmodell. Das ist eine wichtige Erkenntnis, da gegen das Wechselmodell häufig eingewendet wird, die Wechsel zwischen den Eltern seien für Kinder „stressig". Da auch Kinder im Residenzmodell zwischen Mutter und Vater wechseln, gibt es scheinbar im Residenzmodell andere, zusätzliche Stressfaktoren, die Kinder belasten und ihr Leben als stressbelastet erleben lassen.

Physische Gesundheit
Kinder, die im Wechselmodell betreut werden, haben in der Mehrzahl eine bessere **körperliche Gesundheit** als Kinder, die im Residenzmodell betreut werden (Melli und Brown 2008; Fabricius et al. 2012). Bei Residenz-modell-Kindern wurde außerdem eine signifikant häufigere Diagnose der Hyperaktivität festgestellt, verglichen mit Kindern im Wechselmodell oder in zusammenlebenden Familien (Neoh und Mellor 2010).

Psychosomatische Symptome und Erkrankungen
In einer besonders bedeutsamen Forschungsstudie haben schwedische Wissenschaftler/innen zur Frage des Auftretens von psychosomatischen Symptomen und Erkrankungen in unterschiedlichen Betreuungsmodellen geforscht (Bergström et al. 2015). Zum einen ist Psychosomatik ein wichtiges Indiz für Wohlbefinden von Kindern, die häufig mit psychosomatischen Symptomen und Erkrankungen auf seelische Belastungen reagieren, zum anderen hat diese Studie eine sehr hohe Untersuchungsgruppe zur Grundlage: Beinahe 150.000 Schulkinder (genau 147.839 Kinder) im Alter von 12 bzw. 15 Jahren wurden untersucht. Die Studie wurde unter dem Titel „*Fifty moves a year: is there an association between joint physical custody and psychosomatic problems in children?*" veröffentlicht – also: Fünfzig mal im Jahr umziehen. Gibt es einen Zusammenhang zwischen Betreuung im Wechselmodell und psychosomatischen Problemen bei Kindern?" Fünfzig Mal pro Jahr müssen Kinder bei einem wöchentlichen Wechselrhythmus ungefähr die elterlichen Wohnungen wechseln. Das Ergebnis ist besonders interessant, weil noch einmal differenziert wurde, ob die Kinder, die im Residenzmodell leben, regelmäßige Kontakte zum nicht mit ihnen lebenden Elternteil haben oder gar keine Kontakte. Das Ergebnis zeigt die nachfolgende Abb. 5.3: Kinder in zusammenlebenden Familien (sog. „Kernfamilie") haben die wenigsten psychosomatischen Symptome und Erkrankungen. Kinder im Wechselmodell mit einer Betreuungszeitverteilung von ca. 50:50 % haben etwas mehr Symptome und Erkrankungen, Kinder im Residenzmodell mit Besuchskontakten noch mehr und am meisten Kinder, die nur mit einem Elternteil leben, ohne Kontakte zum anderen Elternteil.

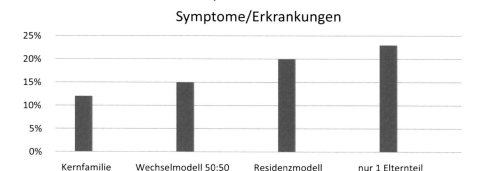

Abb. 5.3 Psychosomatische Symptome und Erkrankungen bei Kindern nach Betreuungsmodell unterschieden (Bergström et al. 2015)

Es gibt also einen nachweisbaren Zusammenhang zwischen regelmäßigem Kontakt zu beiden Eltern und Psychosomatik.

Zufriedenheit der Kinder
Mit der Frage nach der Zufriedenheit der Kinder haben sich viele Studien befasst, teilweise differenziert nach unterschiedlichen Lebensbereichen. Kinder im Wechselmodell sind danach „sehr zufrieden" mit ihrer **familiären Situation** (Kontakt mit Eltern und Unterstützung durch beide Elternteile), deutlich zufriedener als Kinder im Residenzmodell (Abarbanel 1979; Steinman 1981; Underwood 1989; Luepnitz 1986; Neugebauer 1989; Smart et al. 2001; Melli und Brown 2008; Haugen 2010; Luftensteiner 2010). Kinder im Wechselmodell zeigen nach einer umfangreichen Erhebung durch die WHO eine höhere **„allgemeine Lebenszufriedenheit"** als Kinder im Residenzmodell (Health Behaviour in School-Aged Children Study (HBSC) WHO und Bjarnason et al. 2012). Kinder im Wechselmodell zeigen außerdem eine höhere Zufriedenheit mit ihrer **schulischen Situation** als Kinder im Residenzmodell und sie sind signifikant seltener **Mobbing-Opfer** – vergleichbar häufig wie Kinder in „intakten" Familien (Bergström 2012).

Nach ihrem Wohlbefinden und ihrer Zufriedenheit wurden auch rund 165.000 Kinder im Alter von 12 bzw. 15 Jahren in einer weiteren groß angelegten schwedischen Studie untersucht. Nach dem sog. „kidscreen", einem Fragebogen, der 1) Subjektives Wohlbefinden, 2) Zufriedenheit mit dem Familienleben und 3) die Zufriedenheit im Verhältnis zu Gleichaltrigen erhebt, konnte gezeigt werden, dass Kinder in zusammenlebenden Kern-familien den höchsten Grad an Wohlbefinden und Zufriedenheit zeigten, Kinder, die im Residenzmodell betreut werden, am wenigsten und Kinder in Wechselmodellbetreuung lagen im Ergebnis dazwischen (Bergström et al. 2013). Betrachtet man aus der Untersuchungsgruppe nur die 15 jährigen Jugendlichen und vergleicht diese nach Betreuungssituation, so waren die Jugendlichen im Wechselmodell sogar genauso zufrieden mit sich und ihrem Familienleben und zeigten ein gleich hohes Wohlbefinden, wie die 15 Jähri-gen, die mit Mutter und Vater zusammenleben.

Die relativ hohe Zufriedenheit wird auch von jungen Erwachsenen, die als Kind von Trennung und Scheidung ihrer Eltern betroffen waren, **im Rückblick** bestätigt. In einer US-amerikanischen Befragung gaben 93 % der Befragten jungen Erwachsenen, die als Kind im Wechselmodell betreut worden waren, rückblickend an, das Wechselmodell sei die denkbar beste Betreuungslösung für sie gewesen (Luecken 2003). Das ist eine sehr hohe Zustimmungsrate. Umgekehrt berichten in anderen Befragungen die Mehr-zahl junger Erwachsener, die als Kind im Residenzmodell betreut worden waren, sie hätten als Kind ihren Vater *sehr* vermisst (Laumann-Billings und Emery 2000; Fabricius und Hall 2000; Fortin, Hunt und Scanlan 2012).

Zusammenfassung

Kinder, die im Wechselmodell betreut werden, sind nach Erkenntnissen der empirischen Forschung insgesamt körperlich und seelisch gesünder, sind mit ihrem Leben zufriedener, erleben weniger Stress und haben engere Bindungen an und eine bessere Beziehung zu beiden Eltern, verglichen mit Kindern, die im Residenzmodell aufwachsen. Dabei können Selbstselektionseffekte nicht aus-geschlossen werden. Der Forschungsstand lässt jedoch die Annahme zu, dass das Wechselmodell in der Regel die besseren Rahmenbedingungen für das Auf-wachsen mit getrennt lebenden Eltern bietet.

5.4   Auswirkungen von Wechselmodellbetreuung auf Eltern

Es gibt auch Studien, die sich mit den Auswirkungen auf die Eltern beschäftigt haben, und man kann die Lebenslage von Eltern und Kindern ohnehin nicht völlig getrennt voneinander betrachten. Geht es den Kindern schlecht, leiden auch die Eltern – und umgekehrt.

Zufriedenheit der Eltern

Wechselmodell-Eltern (Mütter *und* Väter) sind insgesamt zufriedener als Residenzmodell-Eltern (Pearson und Thoennes 1990, Irving und Benjamin 1991; Kaspiew et al. 2009; Czerny 2011). In einer großen australischen Evaluationsstudie mit über 10.000 Eltern gaben 70–80 % im Wechselmodell betreuende Elternteile über ihre Zufriedenheit mit dem Betreuungsmodell befragt an, dass sie „sehr zufrieden" sind, dass das Wechseln für alle Beteiligten gut funktioniere und dass das Wechselmodell auch den Kindern guttäte (Kaspiew et al. 2009). Die Gründe für die größere Zufriedenheit der Eltern sind die bessere Vereinbarkeit von Berufstätigkeit und Familienleben im Wechselmodell, dass beide Eltern auch „kinderfreie Zeit" für ihr Privatleben haben und dass sie es als wichtig einschätzen und wertvoll erachteten, dass sie ihren Kindern enge Bindungen zu beiden Eltern ermöglichen und Eltern einen guten Kontakt zu ihren Kindern erlauben (Pearson und Thoennes 1990, Irving und Benjamin 1991; Kaspiew et al. 2009; Czerny 2011). Dass Kinder unmittelbar von der größeren Zufriedenheit der Eltern profitieren, die zu mehr Kooperation führt und Konflikte reduzieren kann, ist eines der Erfolgsgeheimnisse der geteilten Betreuung.

Ich möchte noch eine schwedische Studie vorstellen, die diesen **Zusammenhang zwischen elterlicher Zufriedenheit und kindlichem Wohlbefinden** nachgewiesen hat: Rund 1.300 Kinder im Alter von 4 bis 18 Jahren wurden nach dem sog. „strength and difficulties questionaire" (SDQ) auf das Vorliegen von 1) emotionalen Steuerungsproblemen, 2) Hyperaktivität und 3) Probleme im Kontakt mit Gleichaltrigen untersucht. Die Eltern dieser 1.297 Kinder wurden hinsichtlich ihrer Lebenszufriedenheit bezogen auf 1) ihre Gesundheit, 2) ihre soziale Situation und 3) ihre ökonomische Situation befragt. Das Ergebnis bestätigt, was man vermuten durfte: Kinder in zusammenlebenden Familien haben die wenigsten Probleme und ihre Eltern die höchste Zufriedenheit. Kinder, deren Eltern getrennt leben und die im Residenzmodell betreut werden, haben die meisten Probleme und ihre Eltern sind insgesamt am wenigsten zufrieden und Kinder, die im Wechselmodell betreut werden, liegen jeweils dazwischen. Man kann also davon ausgehen, dass das Wechselmodell insgesamt geeignet ist, sowohl bei Eltern, als auch bei Kindern, die größte gesundheitliche, soziale und ökonomische Zufriedenheit der Eltern sowie die wenigsten Probleme der Kinder, bezogen auf emotionale Steuerungsprobleme, Hyperaktivität und Probleme mit Gleichaltrigen (ihrer Peergroup), zu bieten.

Gesundheit der Eltern

13 von 15 Studien in einer Metaanalyse von Amato (1993) kommen zu dem Ergebnis, dass das kindliche Wohlbefinden nach einer Scheidung maßgeblich vom psychischen Wohlbefinden der betreuenden Elternteile abhängt. Insofern ist die psychische, wie die physische Gesundheit der Eltern von großer Bedeutung für das Wohlergehen ihrer Kinder.

Väter, die nach der Scheidung nicht mehr mit ihren Kindern zusammen leben, zeigen häufig schlechtere psychische Befunde, insbesondere depressive Symptome (Shapiro und Lambert 1999; Pryor und Rogers 2001, S. 209 ff.). Umgekehrt sind auch überdurchschnittliche psychische und physische Belastung bzw. Überlastung beim betreuenden Elternteil nachgewiesen (Pearson und Thoennes 1990; Lakin 1995). Die Aussage *„Ich fühle mich häufig überfordert durch die Zeit und Energie, die meine Kinder einfordern"* haben in einer Studie mit insgesamt rund 1.000 Teilnehmer/innen 40 % der Mütter mit Alleinsorge im Residenzmodell (RM in Abb. 5.4) bejaht (vgl. Abb. 5.4); bei der Gruppe der Eltern im Residenzmodell (mit gemeinsamer rechtlicher elterlicher Sorge) fühlten sich 30 % häufig überfordert und bei den Eltern, die ihre Kinder im Wechselmodell (WM in Abb. 5.4) betreuten, sagten dies nur 13 % der Eltern von sich (Pearson und Thoennes 1990).

Überlastung der Eltern im Residenzmodell steht in engem Zusammenhang mit ihrer psychischen und physischen Gesundheit. Sie ist nicht nur für das Wohlbefinden der Eltern von großer Bedeutung, sondern mittelbar auch für die von ihnen betreuten Kinder. Aus der Sicht der Kinder bedeutet

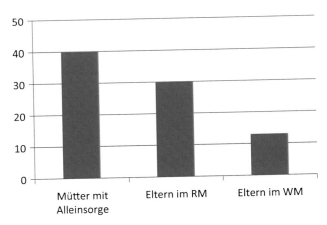

Abb. 5.4 Aussagewerte nach Pearson und Thoennes (1990) „Ich fühle mich häufig überfordert durch die Zeit und Energie, die meine Kinder einfordern."

dies, dass sie einerseits einen überlasteten (vielleicht sogar kranken) Elternteil als Betreuungsperson haben, der/die für ihre Kinderbedürfnisse nur eingeschränkt verfügbar ist, auf der anderen Seite haben sie einen Besuchselternteil (vielleicht depressiv belastet), der ihnen auch nicht oder nur sehr eingeschränkt zur Verfügung steht. Im Ergebnis „fehlen" ihnen somit beide Eltern, was eine der Erklärungen für schlechteres Wohlbefinden und häufigere Verhaltensauffälligkeiten und Erkrankungen von Kindern Alleinerziehender sein kann. Was empirisch belegt ist, ist auch völlig plausibel: Abb. 5.5 zeigt den Kreislauf, in dem sich viele Alleinerziehende befinden (Sünderhauf 2013, S. 330). Der Ausgangspunkt ist dauerhafte Überlastung und wenn die Überforderung chronisch wird, kann sie zu dem führen, was umgangssprachlich **„Alleinerziehenden-Burn-out"** genannt wird. Sich als alleinverantwortlicher oder hauptverantwortlicher Elternteil um Kinder zu kümmern und gleichzeitig erwerbstätig zu sein, ist häufig einfach „zu viel". Dies gilt insbesondere, wenn kleine Kinder oder mehrere Kinder zu betreuen sind oder wenn Kinder besonderen Förderungsbedarf haben. Wer so überlastet ist, hat keine Kraft und oft auch gar keine Zeit, um soziale Kontakte zu pflegen. Dies reduziert wiederum die Möglichkeit, von aussen Unterstützung zu erhalten und die Überlastung steigt an. Nicht nur die Psyche, sondern auch die **körperliche Gesundheit der Eltern** ist bei Alleinerziehenden mehr

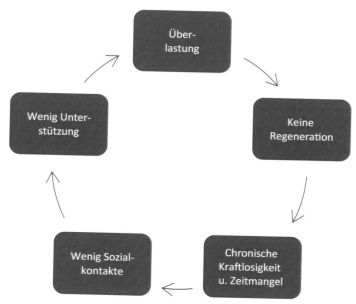

Abb. 5.5 Überlastungskreislauf bei Alleinerziehenden (Sünderhauf 2013)

gefährdet als bei abwechselnd betreuenden Eltern. In der Studie von *Melli & Brown* mit über 1.100 teilnehmenden Eltern im Wechsel- und Residenzmodell haben sich gravierende Unterschiede in der physischen Gesundheit zwischen Eltern mit abwechselnder oder überwiegend mütterlicher Betreuung gezeigt: Weit mehr Mütter und Väter im Wechselmodell beschrieben ihren Gesundheitszustand als „sehr gut/exzellent". Einen schlechten Gesundheitszustand gaben umgekehrt rund doppelt so viele Eltern im Residenzmodell an, als im Wechselmodell (Melli und Brown 2008, S. 248 f.) Zwar werden hierdurch keine Kausalitäten nachgewiesen, aber die Überlastung der alleinerziehenden Eltern könnte durchaus ein Grund für ihren schlechteren Gesundheitszustand sein.

> **Zusammenfassung**
>
> Eltern im Wechselmodell sind weniger belastet und seltener überlastet, was in positivem Zusammenhang mit ihrer psychischen und physischen Gesundheit steht (die sich mittelbar positiv auf die Kinder auswirkt).

Literatur

Abarbanel, A. (1979). Shared parenting after separation and divorce: A study of joint custody. *American Journal of Orthopsychiatry, 49,* 320–329.

Amann. Th. (2016). Auswirkungen von Formen der Nachtrennungsfamilie – unter besonderer Berücksichtigung der Doppelresidenz. Master Thesis, University of Wien, Wien.

Amato, P. (1993). Children's adjustment to divorce: Theories, hypotheses, and empirical support. *Journal of Marriage and the Family, 55,* 23–38.

Amato, P. (2001). Children of divorce in the 1990s: An update of the amato and keith (1991) meta-analysis. *Journal of Family Psychology, 15*(3), 355–370.

Amato, P., & Gilbreth, J. (1999). Nonresident fathers and children´s well-being: A meta-analysis. *Journal of Marriage and the Family, 61,* 557–573.

Amato, P., & Keith, B. (1991a). Parental divorce and the well-being of children: A meta-analysis. *Psychological Bulletin, 110*(1), 26–46.

Amato, P., & Keith, B. (1991b). Parental divorce and adult well-being. A meta-analysis. *Journal of Marriage and the Family, 53,* 43–58.

Aquilino, W. (2006). The noncustodial father-child relationship from adolescence into young adulthood. *Journal of Marriage and Family, 68*(4), 929–946.

Bauserman, R. (2002). Child adjustment in joint-custody versus sole-custody arrangements: A meta-analytic review. *Journal of Family Psychology, 16*(1), 91–102.

Bauserman, R. (2012). A meta-analysis of parental satisfaction, adjustment, and conflict in joint custody and sole custody following divorce. *Journal of Divorce & Remarriage, 53,* 464–488.

Bergström, M. (2012). Barn med växelvis boende (Kinder in abwechselnder Betreuung). In Centre for Health Equity-Studies (Hrsg.). Schulrelevante Aspekte für die psychische Gesundheit von Kindern und Jugendlichen – Eine Studie auf der Grundlage einzel-staatlicher umfassender Studien in den Klassen 6 und 9 – Herbst 2009, (Kap. 5, S. 71–81). www.sociastyrelsen.se, Mai 2012.

Bergström, M., Modin, B., Fransson, E., Rajmil, L., Berlin, M., Gustafsson, P., & Hjern, A. (2013). Living in two homes – A swedish national survey of wellbeing in 12 and 15-year-olds with joint physical custody. *MBMC Public Health, 13,* 868.

Bergström, M., Fransson, E., Modin, B., Berlin, M., Gustafsson, P., & Hjern, A. (2015). Fifty moves a year: Is there an association between joint physical custody and psychosomatic problems in children? *Journal of Epidemial & Community Health, 69*(8), 769–774. online-publication 2015-04-28.

Bergström, M., Fransson, E., Fabian, H., Hjern, A., Sarkadi, A., & Salari, R. (2017). Preschool children living in joint physical custody arrangements show less psychological symptoms than those living mostly or only with one parent. *Acta Paediatrica, 107,* 294–300.

Bjarnason, T., & Arnarsson, A. (2011). Joint physical custody and communication with parents: A cross-national study of children in 36 western countries. *Journal of Comparative Family Studies, 42*(6), 871–890.

Bjarnason, T., Bendtsen, P., Arnarsson, A., Borup, I., Ianotti, R., Löfstedt, P., Haapasalo, I., & Niclasen, B. (2012). Life satisfaction among children in different family structures: A comparative study of 36 western societies. *Children and Society, 26,* 51–62.

Breivik, K., & Olweus, D. (2006). Adolescent's adjustment in four post-divorce family structures: Single mother, stepfather, joint physical custody and single father families. *Journal of Divorce & Remarriage, 44,* 99–124.

Cashmore, J., Parkinson, P., Weston, R., Patulny, R., Redmond, G., Qu, L., Baxter, J., Rajkovic, M., Sitek, T., & Katz, I. (2010). *Shared care parenting arrangements since the 2006 family law reforms: Report to the australian government attorney-general's department sidney.* Social Policy Research Centre: University of New South Wales.

Cottier, M., Widmer, E., Tornare, S., & Girardin, M. (2017). *Interdisziplinäre Studie zur alternierenden Obhut.* https://www.ejpd.admin.ch/ejpd/de/home/aktuell/news/2017/2017-12-08.html.

Czerny, B. (2011). *Doppelresidenz in Österreich - die Perspektive der Mütter.* Unveröffentlichte Diplomarbeit, Universität Wien. Online-Zugriff unter: http://othes.univie.ac.at/10683/1/2010-07-23_0501995.pdf.

Fabricius, W. (2003). Listening to children of divorce. New findings that diverge from wallerstein. *Lewis and Blakesly. Family Relations, 52,* 385–396.

Fabricius, W. V. & Hall, J. A. (2000). *Young adult's perspectives on divorce: Living arrangements.* Family and Conciliation Courts Review, 38, 446–461.

Fabricius, W., & Luecken, L. (2007). Postdivorce living arrangements, parent conflict, and long-term physical health correlates for children of divorce. *Journal of Family Psychology, 21*(2), 195–205.

Fabricius, W., Sokol, K., Diaz, P., & Braver, S. (2012). Parenting time, parent conflict, parent-child relationship and children's physical health. In K. Kuehnle & L. Drozd (Hrsg.), *Parenting plan evaluations: Applied research for the family court* (S. 188–213). Cambridge: Oxford University Press.

Fortin, J., Hunt, J., & Scanlan L. (2012). *Taking a longer view of contact: The perspectives of young adults who experienced parental separation in their youth.* University of Sussex, Susex Law School.

Frigger, M. (2008). *Heute hier, morgen dort? – Das Wechselmodell im Familienrecht – Eine Pilotstudie.* Diplomarbeit, Universität Bielefeld. Online-Zugriff unter: http://www.system-familie.de/michael_frigger_wechselmodell.pdf.

Fransson, E., Hjern, A., & Bergström, M. (2019). Sind schwedische Kinder anders? *Sozialmagazin, Themenheft „Elterliche Trennungen", 5–6,* 31–37.

Haugen, G. M. D. (2010). *Children's Perspective on Everyday Experiences of Shared Residence: Time, Emotions and Agency Dilemmas.* Children & Society, 24, 112–122.

Irving, H. & Benjamin, M. (1991). *Shared and Sole-Custody Parents: A Comparative Analysis.* In: Folberg, J. (Hrsg.) (1991). Joint Custody & Shared Parenting, 2. Aufl., New York, London: Guilford Press, 114–131.

Kaspiew, R., Gray, M., Weston, R., Moloney, L., Hand, K., & Qu, L. (2009). *Evaluation of the 2006 family law reforms.* Melbourne: Australian Institute of Family Studies.

Kelly, J., & Lamb, M. (2000). Using child development research to make appropriate custody and access decision for young children. *Family and Conciliation Courts Review, 38*(3), 297–311.

Lakin, M. (1995). Domestic migrations: Effects on youngsters of postdivorce joint physical custody circumstances. Dissertaton, University of Michigan, Ann Arbor.

Laumann-Billings, L. & Emery, R. E. (2000). *Distress among young adults from divorced families.* Journal of Family Psychology, 14, 671–687.

Luepnitz, D. (1982). *Child custody. A study of families after divorce.* Lexington Massachusettss: Lexington Books.

Luepnitz, D. (1986). A comparison of maternal, paternal, and joint custody: Understanding the varieties of post-divorce family life. *Journal of Divorce, 9*(3), 1–12. Abdruck: Folberg (Hrsg.). (1991). *Joint custody & shared parenting* (2. Aufl., S. 105–113). New York: Guilford Press.

Luecken, L. J., & Fabricius, W. V. (2003). *Physical health vulnerability in adult children from divorced and intact families.* Journal of Psychosomatic Research, 55, 221–228.

Luftensteiner, S. (2010). *Doppelresidenz in Österreich - die Perspektive der Kinder.* Unveröffentlichte Diplomarbeit, Universität Wien. Online-Zugriff ab 15.9.2013 unter: http://othes.univie.ac.at/14850/.

Maccoby, E., Buchanan, Ch., Mnookin, R., & Dornbusch, S. (1993). Postdivorce roles of mothers and fathers in the lives of their children. *Journal of Family and Psychology, 7*(1), 24–38.

McKinnon, R., & Wallerstein, J. (1986). Joint custody and the preschool child. *Behavioral Sciences & The Law, 4*(2), 169–183. Zusammenfassung In Folberg (Hrsg.) (1991). *Joint custody & shared parenting* (2. Aufl., S. 153–166). New York: Guilford Press.

McIntosh, J. E., Wells, Y., Smyth, B., & Long, C. (2008). *Child focused and child inclusive divorce mediation: Comparative outcomes from a prospective study of post-separation adjustment.* Family Court Review, 14, 105–124.

McIntosh, J. E., Smyth, B., Kelaher, M., Wells, Y., & Long, C. (2010). *Parenting arrangements post-separation: Patterns and outcomes Part I: A longitudinal study of school-aged children in high-conflict divorce.* Report to the Australian Government, Attorney General's Department: Canberra. UND: *Parenting arrangements post-separation: Patterns and outcomes Part II: Relationship between overnight care patterns and psycho-emotional development in infants and young children* (S. 85–169). North Carlton, Victoria: Family Transitions. Online-Zugriff unter: http://www.ag.gov.au.

Melli, M., & Brown, P. (2008). Exploring a new family form: The shared time family. *International Journal of Law, Policy and Family, 22*(2), 231–269.

Neoh, J., & Mellor, D. (2010). Shared parenting: Adding children's voices and their measures of adjustment to the evaluation. *Journal of Child Custody, 7,* 155–175.

Nielsen, L. (2018). Joint versus sole physical custody: Outcomes for children independent of family income or parental conflict. *Journal of Child Custody, 15*(1), 35–54.

Nielsen, L. (2019). Wechselmodell versus Residenzmodell – Was sagt uns die Forschung über die Auswirkungen auf die Kinder? *Sozialmagazin, Themenheft „Elterliche Trennungen", 5–6,* 38–44.

Neugebauer, R. (1989). *Divorce, Custody, and Visitation: The Child's Point of View.* In: Everett, Craig (Hrsg.): Children of Divorce, New York: The Haworth Press, 153–168.

Pearson, J., & Thoennes, N. (1990). Custody after divorce: Demographic and attitudinal patterns. *American Journal of Orthopsychiatry, 60*(2), 233–249. Nachdruck unter dem titel child custody and child support after divorce In Folberg (Hrsg.) (1991). *Joint custody & shared parenting* (2. Aufl., S. 185–205). New York: Guilford Press.

Pryor, J., & Rogers, B. (2001). *Children in changing families – Life after parental separation.* Oxford: Blackwell Publisher.

Shapiro, A., & Lambert, J. (1999). Longitudinal effects of divorce on the quality of the father-child relationship and on fathers' psychological well-being. *Journal of Marriage and the Family, 61,* 387–408.

Smart, C., Neale, B., & Wade, A. (2001). *The changing experiences of childhood.* Family and Divorce. Cambridge, UK: Policy.

Spruijt, E., & Duindam, V. (2010). Joint physical custody in the netherlands and the well-being of children. *Journal of Divorce & Remarriage, 51,* 65–82.

Steinmann, S. (1981). The experience of children in a joint-custody arrangement: A report of a Study. *American Journal of Orthopsychiatry, 51,* 403–414.

Sünderhauf, H. (2013). *Wechselmodell – Psychologie, Recht, Praxis.* Wiesbaden: Springer VS.

Turunen, J. (2015). Shared physical custody and children's experience of stress, family and societies, Working Paper Series, 24/2015 und *Journal of Divorce & Remarriage,* 2017, 58(5), S. 371–392.

Underwood, L. (1989). *Joint physical custody: An exploration of successful coparenting arrangements.* Dissertation, University of Toledo, Ohio.

6

Elternvereinbarungen zum Wechselmodell: Was können/müssen/sollen wir regeln?

© Katharina Kravets

© Springer Fachmedien Wiesbaden GmbH, ein Teil von Springer Nature 2020
H. Sünderhauf, *Praxisratgeber Wechselmodell*,
https://doi.org/10.1007/978-3-658-27210-4_6

Dieses Kapitel soll Ihnen praktische Unterstützung und Anleitung bieten, um eine Elternvereinbarung über Kinderbetreuung im Wechselmodell zu treffen und zu formulieren. Nach grundsätzlichen Vorüberlegungen (1) werden die notwendigen und möglichen Inhalte der Betreuungsvereinbarung (2), eine Vereinbarung über den Umgang mit elterlicher Verantwortung (3) sowie eine mögliche Unterhaltsvereinbarung (4) erörtert. Sodann wird ein Muster für eine Betreuungsvereinbarung im Wechselmodell angeboten (5).

> **Achtung:** Die Lektüre ersetzt keine individuelle Rechtsberatung. Ob eine Vereinbarung über Modelle der Kinderbetreuung sowie über Kindesunterhalt/Alimente rechtsverbindliche Wirkung hat oder nicht, kann an dieser Stelle nicht verbindlich geklärt werden. Wenn Gerichte über Betreuungsmodelle zu entscheiden haben, sind sie allein dem Kindeswohl verpflichtet – eine Elternvereinbarung ist dann nur ein Indiz über Ihre derzeitigen Vorstellungen und Absprachen. Sowohl das Umgangsrecht, als auch der Unterhalt für ein Kind ist dessen eigener Anspruch; hierüber können Sie als Eltern nur unter besonderen Voraussetzungen und in Grenzen bestimmen.

6.1 Vorüberlegungen

Bevor Sie sich für eine Betreuungs- oder Unterhaltsvereinbarung entscheiden, sollten Sie überlegen, ob Sie eine schriftliche Vereinbarung aufsetzen möchten oder nur mündliche Absprachen treffen? Möchten Sie dazu Hilfe und Unterstützung Dritter in Anspruch nehmen? Welche Formalia sind ggf. bei einer schriftlichen Vereinbarung zu beachten? Möchten Sie eine „Probezeit" vereinbaren oder Bedingungen und Befristungen verabreden?

Notwendigkeit und Verbindlichkeit einer Vereinbarung
Wenn Sie und Ihr Co-Elternteil sich auf ein Wechselmodell geeinigt haben, stellt sich die Frage, ob Sie dies schriftlich vereinbaren. Eine Betreuungs- oder Sorgevereinbarung ist weder rechtlich notwendig, noch gesetzlich vorgesehen. Die juristische Verbindlichkeit von Elternvereinbarungen ist ohnehin umstritten bzw. begrenzt, da ggf. in gerichtlichen Entscheidungen über die elterliche Sorge/Obsorge und das Umgangsrecht das Kindeswohl im Zentrum der richterlichen Überlegungen steht. Das bedeutet, dass das Gericht, wenn eine Vereinbarung dem Kindeswohl schadet, eine neue

Regelung treffen wird und die Elternvereinbarung dann hinfällig ist. Bei bestehender Wechselmodellvereinbarung kann sich ein Elternteil jedoch nicht einfach einseitig von dieser Vereinbarung lösen – jedenfalls nicht aus Gründen, die nicht das Kindeswohl betreffen – insofern ist sie durchaus wegweisend.

Form der Vereinbarung
Eine Elternvereinbarung kann stillschweigend, mündlich oder schriftlich erfolgen.

Mündliche Vereinbarungen haben die Vorteile, dass

- Sie die Vereinbarung jederzeit durch neue mündliche Absprachen ändern können
- die Bereitschaft bei den Betroffenen häufig grösser ist, eine Betreuungsform auszuprobieren, weil die Forderung nach einer schriftlichen Vereinbarung als Misstrauen an der eigenen Zuverlässigkeit empfunden wird
- Sie sich nicht in einzelnen Formulierungen verheddern und dadurch das Wichtige aus den Augen verlieren.

Auf der anderen Seite kann es später zu Konflikten über Details kommen, die Sie zum Zeitpunkt der Absprachen noch nicht gesehen haben.

Stillschweigende Vereinbarungen kommen zustande, wenn z. B. das Wechselmodell über eine längere Zeit praktiziert wird, ohne dass man es ausdrücklich verabredet oder als solches benannt hat.

Schriftliche Vereinbarungen haben die Vorteile, dass

- Sie alles sehr detailliert regeln können, damit nichts vergessen wird
- Sie einen Nachweis dafür haben, was abgesprochen wurde und dass
- wechselseitig eine größere Rechtsverbindlichkeit hergestellt wird.

Schriftliche Vereinbarungen können im Rahmen einer Trennungs- oder Scheidungsfolgenvereinbarung, eines gerichtlichen Vergleichs oder privatschriftlich zwischen Ihnen als Eltern erfolgen. Sie können von Anwält/innen oder Notar/innen aufgesetzt werden, gerichtlich formuliert oder genehmigt, oder von den Parteien selbst geschrieben werden. Erforderlich ist im letzteren Fall nur die eigenhändige Unterschrift von Ihnen beiden als Eltern.

> **Praxis-Tipp zur Form einer Vereinbarung**
>
> Bevor der Versuch eines Wechselmodells daran scheitert, dass Sie sich über die Ausgestaltung einer schriftlichen Elternvereinbarung nicht einigen können, sollten Sie eher darauf verzichten und sich mit der mündlichen Absprache der groben Rahmenbedingungen und Vereinbarung einer Probezeit vorerst begnügen.

Beratung

Möchten Sie beraten werden? In Betracht kommen

- anwaltliche Beratung
- allgemeine psychologische/pädagogische Beratung
- wechselmodellspezifische Fachberatung oder
- Mediation.

Anwaltliche Beratung

Sie können die Betreuung regeln, wie Sie es für richtig halten und die meisten Eltern haben eher keine *rechtlichen* Fragen. Anwaltliche Beratung ist also nicht unbedingt erforderlich. Wenn Sie eine rechtliche Einschätzung des möglichen Ausgangs einer gerichtlichen Entscheidung in Ihrer Sorgerechts- und Umgangsrechtssituation wünschen, wird die Auskunft der Anwält/innen häufig vage sein. Man kann nicht einmal sicher annehmen, dass alle Anwälte/innen die aktuelle Rechtsprechung zum Wechselmodell im Detail kennen, geschweige denn den Stand der empirischen psychologischen Forschung dazu. Was hingegen Anwälte/innen erklären können, sind die rechtlichen finanziellen Folgen der gewünschten Betreuungsvereinbarung. Allerdings können Sie sich auch hierüber beliebig einigen, ohne dass es anwaltlicher Beratung oder Vertretung bedarf.

> **Praxis-Tipp zur Suche eines Rechtsanwaltes/einer Rechtsanwältin**
>
> Wenn Sie anwaltliche Beratung in Anspruch nehmen möchten, gehen Sie unbedingt zu einem ausgewiesenen Spezialisten/einer ausgewiesenen Spezialistin (Fachanwalt/Fachanwältin) für Familienrecht.

Psychologische/pädagogische Beratung

Wenn Sie unsicher sind, ob die Betreuung, die Sie sich vorstellen, für Ihr Kind zuträglich sein wird, können Sie mit Ihren Fragen zu einer Familienberatungsstelle oder einem/einer niedergelassenen Psycholog/in oder Kinder- und Jugendlichen Psychotherapeut/in gehen. Wenn ich jedoch betrachte, auf welchem niedrigen fachlichen Niveau *manche* psychologische Sachverständigengutachten, Stellungnahmen von Verfahrenspfleger/innen, Kinderbeiständen und Mitarbeiter/innen der Kinder- und Jugendbehörden in familienrechtlichen Prozessen zu Fragen der Betreuung im Wechselmodell abgefasst werden, kann ich eine solche Beratung nicht *allgemein* empfehlen. Selbstverständlich gibt es hoch qualifizierte und engagierte Berater/innen, aber in zahlreichen Fällen spielen eine die Bedeutung und Rolle von Vätern negierende Ideologie oder Vorurteile gegen das Wechselmodell bei Vertreter/innen der genannten Professionen eine größere Rolle, als wissenschaftlich abgesicherte Methoden und Erkenntnisse.

Praxis-Tipp zur Entscheidungsgrundlage Ihrer Vereinbarung

Hören und vertrauen Sie auf Ihren Elternverstand. Beobachten Sie Ihr Kind gut, sprechen Sie mit einer Fachperson, aber entscheiden Sie immer selbst.

Spezifische Wechselmodell-Fachberatung

Eine spezifische Wechselmodell-Beratung gibt es weder in Deutschland, noch in Österreich oder der Schweiz. In anderen Ländern, z. B. in den USA und in Australien, ist sie verbreitet und in der Literatur wird sie in führenden Studien gefordert. Hier bedarf es einer grundlegenden Konzeption von wechselmodellspezifischen, ideologiefreien Beratungsangeboten, die den wissenschaftlichen Stand der Erkenntnis zu dieser Thematik berücksichtigen.

Mediation

Mediation kann Ihnen helfen, wenn Sie (noch) uneins sind, wie die Betreuung aussehen soll oder zwar grundsätzlich einig sind, aber (noch) über Details unterschiedlicher Meinung sind und wenn Sie (noch) nicht gerichtlich vorgehen wollen. Mediator/innen sind keine Schiedsrichter/innen, die Ihnen die Entscheidung abnehmen, sie können ihnen jedoch vorhandene Gemeinsamkeiten aufzeigen und Ihnen helfen, Differenzen zu überwinden. Die Entscheidung bleibt dabei aber – anders als vor Gericht – in jedem Fall bei Ihnen (vgl. Abschn. 4.2).

Probezeit

Da eine Familie nach der Trennung in einer Phase ist, in der sich alle Familienmitglieder neu orientieren müssen, ist es schwierig und wäre es ein unrealistischer Anspruch, eine Betreuungsregelung zu finden, die vom ersten Tag an bis zur Volljährigkeit der Kinder für alle gleichermaßen passt. Es ist daher unbedingt zu empfehlen, eine Probezeit oder die regelmäßige (z. B. jährliche) Überprüfung, ob die Vereinbarungen und die Wechselmodell-praxis noch „passen", zu vereinbaren. Insbesondere Ihre Entwicklungen und das Älterwerden der Kinder machen ohnehin Anpassungen erforderlich. Dies nimmt der Entscheidung auch den Druck, wenn Sie wissen, dass sie keine Entscheidung „für immer" treffen müssen.

Praxis-Tipp zur Vereinbarung einer Probezeit

Vereinbaren Sie eine Probezeit von einem halben Jahr für die konkrete Betreuungszeitabsprache (Welche Tage sind die Kinder bei dem einen bzw. anderen Elternteil? Wann wechseln die Kinder? Wie wechseln die Kinder?) und von mindestens einem ganzen Jahr für die Betreuungsform (Wollen wir das Wechselmodell fortführen?).

Bedingungen und Befristung

Grundsätzlich kann eine Betreuungsvereinbarung an **Bedingungen** geknüpft werden, wenn dies im Einzelfall sinnvoll ist. Bedingungen können als zwingende Grundlage für die Zeit der Durchführung des Wechselmodells formuliert werden. Sie können aber auch als auflösende Bedingungen, bei deren Eintritt die Vereinbarung unwirksam werden soll, vereinbart werden. Auch **Befristungen** sind denkbar, wobei weniger Befristungen im Sinne von kalendarischen Daten gemeint sind (das wäre dann die o. g. „Probe-zeit"), sondern Befristungen, die an besondere Veränderungen im Leben des Kindes (z. B. Eintritt in den Kindergarten, Einschulung, Übertritt auf eine weiterführende Schule, Aufnahme einer Berufsausbildung o. ä.) oder im Leben der Eltern (z. B. Abschluss einer Ausbildung, Pensionierung, Ende einer Elternzeit o. ä.) anknüpfen.

Beispiele für Formulierungen von Befristungen

„Die Betreuungsvereinbarung gilt,
… bis Julia in den Kindergarten kommt."
… bis Maxim … Jahre alt wird."
… bis zum … (Datum)."

Beispiele für Formulierungen von Bedingungen

„Die Betreuungsvereinbarung gilt,
… solange das gerichtliche Umgangsrechtsverfahren ruht."
… solange die Eltern im Beratungsprozess/Mediation mit … sind."
… so lange beide Eltern im Ort … mit Hauptwohnsitz leben."
… solange Elternteil A in der ehemaligen Ehewohnung wohnen bleibt."
… solange A an B einen monatlichen Betreuungsunterhalt in Höhe von … Euro/
*   SFr zahlt."*

„Während der Geltung dieser Betreuungsvereinbarung verpflichtet sich Eltern-
teil A die laufenden Kosten für den vom Elternteil B genutzten Pkw … [genaue
Bezeichnung] zu tragen, um den Transport der Kinder sicher zu stellen. Diese
Vereinbarung endet, wenn der TÜV abgelaufen ist."

Es sind Ihnen bei der Formulierung Ihrer Vereinbarungen kaum Grenzen gesetzt. Einerseits haben detailreiche Vereinbarungen den Vorteil, dass
sie spätere Unstimmigkeiten vermeiden helfen. Andererseits kann die Diskussion um Detailfragen der zunächst wünschenswerten Einigung über die
groben Rahmenbedingungen im Wege stehen. Zwischen diesen zwei Polen
müssen Sie den Ihnen genehmen Mittelweg finden.

Zusammenfassung

Eine schriftliche Elternvereinbarung ist zwar möglich, aber nicht notwendig,
denn im Streitfall orientiert sich das Familiengericht in erster Linie am
Kindeswohl und nur nachrangig an Absprachen zwischen Ihnen. Wenn eine
bestehende Vereinbarung mit dem Kindeswohl vereinbar ist, ist sie jedoch ver-
bindlich. Formal ist eine schriftliche Vereinbarung aus Gründen der Nachweis-
barkeit sicherer, besondere Formvorschriften sind dabei nicht zu beachten.
   Es hängt von Ihrem persönlichen Bedürfnis nach Sicherheit ab, ob und wie
intensiv Sie Beratung in Anspruch nehmen wollen oder nicht. In Rechtsfragen ist
eine fachanwaltliche Beratung hilfreich, bei psychologischer und pädagogischer
Beratung und Mediation kommt es auf die individuelle Qualifikation des Beraters/
der Beraterin an. Es kann nicht generell empfohlen oder abgeraten werden,
Hilfe Dritter in Anspruch zu nehmen. Die Vereinbarung einer Probezeit ist ratsam, ebenso regelmäßige Überprüfung und ggf. Anpassung der Vereinbarung.
Bedingungen und Befristungen sind möglich.

6.2 Betreuungsvereinbarung

In diesem Kapitel werden die Punkte durchgegangen, die in einer
Betreuungsvereinbarung über eine geteilte Betreuung zu regeln sind
oder geregelt werden können. Es sind dies die Entscheidung für ein

Wechselmodell, die Wechselfrequenz, Regelungen für Feste, Feiertage und Ferien, die „Übergabe" der Kinder und Kontakte zwischen Kindern und dem gerade nicht betreuenden Co-Elternteil (sog. Zwischendurchkontakte).

Die kursiv gedruckten Passagen sind Formulierungsbeispiele, die Sie nach Ihren persönlichen Bedürfnissen übernehmen oder abändern können.

Vereinbarung über das Betreuungsmodell

Sie vereinbaren abwechselnde Betreuung, wie sie diese Betreuungsform bezeichnen (Wechselmodell, Doppelresidenz, alternierende Obhut o. a.) oder ob Sie einfach nur „abwechselnde Betreuung" schreiben, ist unerheblich. Häufig wird eine Absichtserklärung vorangestellt:

„Wir sind uns einig, dass es dem Wohl von Emma am besten entspricht, wenn wir nach der Trennung weiterhin im Rahmen unserer gemeinsamen elterlichen Sorge die elterliche Verantwortung gleichberechtigt ausüben und die Betreuung abwechselnd übernehmen. Wir wollen im Interesse unseres Kindes versuchen, Konflikte zu vermeiden, den anderen Elternteil als wichtige Bezugsperson für Emma zu akzeptieren und über ihn/sie gegenüber Emma stets nur respektvoll und positiv zu sprechen."

Wechselfrequenz

Wie die Wechselfrequenz aussehen soll, ist eine der wichtigsten Regelungen (vgl. Abschn. 3.1). Sie gehört in die Vereinbarungen ebenso, wie die Bedingungen ihrer Veränderbarkeit.

„Die Kinder wechseln in der Schulzeit wöchentlich zwischen den Eltern. Der Wechsel findet jeweils Freitagnachmittag nach der Schule statt."

„Lisa geht an jedem Kindergartentag abwechselnd zu Mutter oder Vater. Die Wochenenden verbringt sie mit dem Elternteil, bei dem sie am Freitagnachmittag ist. In der nächsten Woche ist es dann umgekehrt."

Anpassung der Wechselfrequenz

In der Praxis hat es sich als hilfreich erwiesen, eine Probezeit zu vereinbaren, an deren Ende die Erfahrungen ausgewertet werden, um darauf aufbauend eine Änderung oder Weiterführung des Betreuungsplans zu vereinbaren.

„Nach einer Probephase von 6 Monaten wollen wir unter Einbeziehung unserer Eindrücke und der Erfahrungen der Kinder überprüfen, ob die Wechselabstände so beibehalten werden oder ob längere oder kürzere Wechselabstände angemessen wären."

Betreuung durch Dritte

Auch die Betreuung durch andere Personen ist zu bedenken. Manche Eltern vereinbaren, dass sie sich gegenseitig als „Babysitter" vorrangig zur Verfügung stehen, bevor Fremde eingesetzt werden. Dadurch erhöht sich die Betreuungszeit durch die Eltern.

„Wenn ein Elternteil in seiner Betreuungszeit verhindert ist, wird zuerst der andere Elternteil angefragt, ob er für die fragliche Zeit die Betreuung übernehmen kann, ehe ein Dritter als „Babysitter/in" eingesetzt wird."

Nachholen von Betreuungszeiten und Tausch

Generell rate ich eher davon ab, verpasst Betreuungszeiten nachzuholen. Das bringt den Wechselrhythmus durcheinander und führt zu Aufrechnungen, die streitanfällig sind. Etwas anderes gilt, wenn im Einzelfall ein Tausch der Betreuungszeiten vereinbart wird.

„Betreuungszeiten, die ein Elternteil nicht wahrgenommen hat, gleich aus welchen Gründen, werden nicht nachgeholt, es sei denn, wir haben ausdrücklich ein Tausch der Betreuungszeiten vereinbart."

Feste und Feiertage

Nicht nur aus Sicht der Kinder ist es „gerecht" hohe Feiertage (Weihnachten, Ostern) oder andere religiöse Feste, aber auch ganz weltliche Ereignisse wie z. B. Fasching o. ä. mit den Eltern abwechselnd zu verbringen.

Religiöse Feste: Wenn einem Elternteil kirchliche Feste besonders viel bedeuten und dem anderen wenig oder nichts, kann auch eine Regelung passen, die nicht abwechselnd ist. Wenn die Eltern unterschiedlichen Glaubensgemeinschaften angehören, ist es vermutlich angemessen, die Kinder an den Festen beider teilhaben zu lassen.

Wenn man der vorgeschlagenen hälftigen Aufteilung der Ferien folgt, impliziert dies automatisch, dass der Elternteil mit der ersten Ferienhälfte das Weihnachtsfest in seiner Zeit liegen hat – im folgenden Jahr umgekehrt.

Praxis-Tipps zur Regelung von Feiertagen

- Schreiben Sie zunächst beide auf, welche Feiertage ihnen jeweils wichtig sind.
- Bringen Sie die Feiertage in eine Rangfolge der ihnen von Ihnen zugeschriebenen Bedeutung.
- Erarbeiten Sie anhand dessen einen „gerechten" Vorschlag für den anderen Elternteil.

So könnte Ihre individuelle Vereinbarung zum Beispiel lauten:

„Dominik soll die Weihnachtsfeiertage (24. bis 26. Dezember) immer mit seiner Mutter verbringen, unabhängig vom Wechselturnus."

„Mohammed soll Silvester (30. Dez. bis 1. Jan.) immer bei seinem Vater feiern, unabhängig vom Wechselturnus."

„Sophia verbringt die Weihnachtsferien abwechselnd bei beiden Eltern. Der Elternteil, bei dem sie am 24.12. nicht ist, kann mit ihr am 26./27.12. Weihnachten nachfeiern."

Geburtstage: Geburtstage der Kinder und der Eltern, ggf. von Grosseltern und anderen Verwandten sollten ebenso geregelt werden. Dabei ist es verhältnismässig einfach festzulegen, dass jeder Elternteil seinen Geburtstag mit den Kindern feiern darf (es sei denn, er fällt in die Ferienzeit des anderen). Schwieriger sind die Geburtstage der Kinder, die entweder abwechselnd gefeiert werden, oder Sie kommen zu diesem Anlass mit dem Co-Elternteil zusammen. Auch die Ausrichtung von Kindergeburtstagen kann einer Regelung bedürfen. Wie detailliert hier Absprachen getroffen werden, hängt von der „Fest- und Feierkultur" der jeweiligen Familie ab und ist im Einzelfall zu entscheiden.

„Emil und Franziska verbringen den Geburtstag von Mutter und Vater jeweils mit ihnen zusammen."

„Den Kindern wird nach Möglichkeit ermöglicht, ihre Oma Frieda und Opa Fritz jeweils zu ihrem Geburtstag zu besuchen."

„Der Geburtstag von Emil und Franziska wird mit dem Elternteil gefeiert, bei dem sie sich gerade aufhalten. Die Einladung zur Kindergeburtstagsparty findet in der Folgewoche beim anderen Elternteil statt."

Ferienregelungen

In den gerichtlichen Umgangsrechtsentscheidungen haben sich hälftige Ferienaufteilungen etabliert, ausser bei Kindern, die noch sehr jung sind und deswegen nicht so lange am Stück bei einem Elternteil sein sollten.

> *„Die Schulferien werden so aufgeteilt, dass im ersten Jahr der Vater die erste Hälfte und die Mutter die zweite Hälfte betreut, danach umgekehrt und in den Folgejahren abwechselnd."*

> *„Maximilian verbringt jeweils die erste Hälfte der Ferien (= Schliesszeiten des Kindergartens) bei seiner Mutter, die zweite Hälfte bei seinem Vater. In den Sommerferien wechseln die Eltern sich alle 5 Tage ab."*

> *„Paul und Paula verbringen die Ferien jeweils zu 50 % bei ihren Eltern. Die erste Hälfte der Ferien sind sie bei dem Elternteil, der vor Ferienbeginn turnusgemäss nicht der Betreuende war."*

In der Vereinbarung haben Sie den Vorteil, dass sie individueller Lösungen finden können, die z. B. dem Urlaubsanspruch von erwerbstätigen Eltern oder der individuellen Reiseplanung entgegenkommen.

> *„Die Ferien verbringen Alexander und Aurora abwechselnd mit den Eltern. Dabei sollen die Wochen pro Jahr grundsätzlich halbe-halbe aufgeteilt werden. Die Eltern werden sich jeweils mind. 6 Monate vor den Ferien über die Aufteilung verständigen. Dabei berücksichtigen Sie wechselseitig ihre beruflichen Verpflichtungen. Für Betreuungslücken fragen Sie Oma Barbara als Betreuerin an. Alternativ ein gebuchtes Ferienbetreuungsprogramm, dessen Kosten sich die Eltern hälftig teilen."*

Übergabe der Kinder

Bei der „Übergabe" der Kinder sind die Modalität der Übergabe, der Zeitpunkt und die Organisation, wie z. B. die Mitgabe und der Transport von Sachen des Kindes zu regeln.

Wechselmodalität

Es gibt vier Alternativen (vgl. Abschn. 3.2): Hinbringen (von Elternteil A zu Elternteil B), Abholen (von Elternteil B bei Elternteil A), selbstständiger Wechsel (die Kinder begeben sich alleine von Elternteil A zu B) und neutraler Wechsel, d. h. über eine Einrichtung (z. B. die Kinder werden freitags früh von Elternteil A in den Kindergarten gebracht und nachmittags von

Elternteil B dort abgeholt) oder über eine Person (z. B. die Kinder gehen freitags nach der Schule zur Oma und werden dort abends vom künftig betreuenden Elternteil abgeholt).

> *„Joshua wechselt jeweils freitags über die Schule, wo ihn Mutter oder Vater abholen. An schulfreien Tagen wird er vom Elternteil, dessen Betreuungszeit endet, um 18 Uhr zum anderen Elternteil gebracht."*

> *„Wenn Josephine 14 Jahre alt ist, wird sie selbständig zu dem Elternteil, dessen Betreuungszeit beginnt, gehen."*

Wechselzeitpunkt

Hier ist bei wöchentlichem Wechsel der Freitag zu empfehlen, weil die Kinder und Sie dann das gemeinsame Wochenende über Zeit haben, sich auf einander einzustellen, bevor sie in ihre Kindergarten- oder Schulwoche starten. Die Uhrzeit regelt sich nach dem Alter der Kinder, der Wechsel-modalität, den Tagesabläufen und Routinen der Familien. Bei häufigerer Wechselfrequenz und vor allem bei kleineren Kindern ist darauf zu achten, dass die Wechselzeit so liegt, dass die Routinen der Kinder nicht gestört werden (z. B. Mittagsschlaf, Essenszeiten, Zubettgehzeiten etc.). Auch ist zu regeln, was passiert, wenn das Kind nicht in den Kindergarten oder die Schule geht, weil es z. B. krank ist oder weil die Einrichtung geschlossen ist. Am einfachsten schreibt man *„… in allen anderen Fällen…"* eine bestimmte Uhrzeit fest.

> *„Der Wechsel soll in Schulwochen am Freitag nach Ende des Unterrichts statt-finden, indem die Kinder vom in der kommenden Woche betreuenden Elternteil von der Schule abgeholt werden. In allen anderen Fällen soll der Wechsel um 18 Uhr im Café … am Bahnhof in … stattfinden."*

> *„In Ferienwochen findet der Wechsel in der Mitte der Ferientage um 18 Uhr statt. Die Kinder werden vom künftig betreuenden Elternteil beim anderen abgeholt."* (oder: *„…vom betreuenden Elternteil zum künftig betreuenden Elternteil hin-gebracht."*)

Wechselorganisation

Die Mitnahme von Gegenständen des Kindes (vgl. Abschn. 3.4) muss geregelt werden, denn Haustiere, Musikinstrumente, sperrige Sportgeräte, Laptops u. a. müssen transportiert werden. *Kiesewetter und Wagner* (2012) berichten beispielsweise von einem Jungen, dessen Meerschweinchen mit ihm wechselte. Sie können vereinbaren, Sachen zum Co-Elternteil zu bringen oder irgendwo zu deponieren, grössere Kinder können ihre Sachen selbst mitnehmen.

> *„Das Cello wird vom Elternteil, bei dem Chriss die nächste Woche betreut wird, beim anderen Elternteil am Abend des Wechsels abgeholt."*

> *„Hannahs Koffer wird vom Elternteil, dessen Betreuungszeit endet, beim anderen Elternteil am Tag des Wechsels im Büro vorbeigebracht."*

> *„Hund Fifi wechselt mit Tom mit und der betreuende Elternteil übernimmt auch dessen Versorgung in seiner Betreuungszeit."*

Übergangsgestaltung

Sie sollten versuchen, ihre Kinder bei den Wechseln und Übergängen zu unterstützen; dies ist zwar kein Aspekt für eine Vereinbarung, aber eine positive Absichtserklärung wäre denkbar:

> *„Wir werden uns bemühen alles zu tun, um Luisa die Wechsel zu erleichtern. Hierzu gehört es, sie fröhlich auf die Zeit mit dem anderen Elternteil einzustimmen und sie nicht mit unserem Abschiedskummer zu belasten."*

> *„Wenn Luis zum anderen Elternteil gebracht wird, wollen wir vor dem Abschied noch kurz zusammensitzen und uns über unseren Sohn und die Erlebnisse der vergangenen Woche austauschen."*

Zwischendurchkontakte und -besuche

Kindern sollte es ermöglicht werden, in der Zeit, die sie bei einem Elternteil sind, den Kontakt zum anderen Elternteil zu wahren (vgl. Abschn. 3.5). Je nach Alter und mit zunehmend autonomer Mediennutzung werden Kinder ihre Kontakte ohnehin selbstständig gestalten. Trotzdem ist es wichtig, sie grundsätzlich wechselseitig anzuerkennen.

> *„Fritz und Franziska können ihre Eltern jederzeit anrufen, wenn sie dies wünschen."*

> *„Wir rufen jeweils abends gegen 19 Uhr bei den Kindern zum `Gute-Nacht-Sagen´ an."*

Dabei können auch Beschränkungen vereinbart werden, z. B. dass der Kontakt vom Kind ausgehen sollte, nicht vom abwesenden Elternteil.

> *„Ludwig und Sabine können jederzeit ungehindert mit dem anderen Elternteil telefonieren, der Telefonkontakt sollte dabei in der Regel von den Kindern ausgehen."*

Dies sollte jedoch kein „Kontaktverbot" bedeuten, denn wenn sich etwas Besonderes ereignet hat, ist es ein legitimer Wunsch des Elternteils, seinen Kindern davon zu berichten.

> *„Ausser in dringenden Ausnahmen wollen wir als Eltern darauf verzichten, Fritz und Franziska anzurufen, wenn sie sich beim anderen Elternteil aufhalten."*

Gegebenenfalls kann der Kontakt sich auch auf andere Angehörige erstrecken, wobei eine grundsätzliche Akzeptanz und Offenheit gegenüber der Familie des anderen Elternteils zu wünschen ist.

> *„Wir begrüssen es grundsätzlich, wenn Ludwig und Sabine den Kontakt zu ihren Grosseltern und Paten/Patinnen pflegen und wollen dies wechselseitig nicht behindern, sondern im Interesse der Kinder fördern."*

6.3   Vereinbarung über die elterliche Verantwortung

Für *Alison Taylor*, eine Mediatorin der ersten Stunde, ist die wichtigste Frage: „Welcher Elternteil darf was entscheiden?", denn unterschiedliche Auffassungen und Vorstellungen hierüber sind nach ihrer Praxiserfahrung eine der Hauptquellen für Streit (1991, S. 51). Hierüber bedarf es differenzierterer Betrachtungen, als die rechtlichen Vorgaben zu gemeinsamer elterlicher Sorge sie vorsehen (vgl. Abschn. 2.2). In der Regel werden Sie nach Trennung und Scheidung weiterhin gemeinsame rechtliche elterliche Sorge haben und beibehalten, wovon im Weiteren auch ausgegangen wird. Sollte dies nicht so sein, können vergleichbare Vereinbarungen dennoch getroffen werden; der Text ist entsprechend anzupassen. Es ist empfehlenswert, zwischen Entscheidungen in Angelegenheiten von erheblicher Bedeutung, in Alltagsangelegenheiten und in Betreuungsfragen zu unterscheiden.

Entscheidungen von erheblicher Bedeutung
Mit der gemeinsamen elterlichen Sorge ist bereits festgeschrieben, dass die Eltern Angelegenheiten, deren Regelung für das Kind von erheblicher Bedeutung ist, im gegenseitigen Einvernehmen gemeinsam entscheiden sollen. Dies kann in der Vereinbarung bekräftigt werden.

„Als Zeichen unserer gemeinsamen gleichberechtigten Verantwortung für Timo werden wir alle Entscheidungen von erheblicher Bedeutung für ihn gemeinsam treffen."
Sie können davon abweichende Vereinbarungen treffen. Es kann auch sinnvoll sein schriftlich festzuhalten, was mit Angelegenheiten von erheblicher Bedeutung für das Kind gemeint ist und wie damit umgegangen werden soll.

„Reisen in das aussereuropäische Ausland dürfen nur mit Zustimmung des anderen Elternteils unternommen werden; für Reisen mit Anton innerhalb Europas ist jeder Elternteil frei in der Wahl des Urlaubsortes. Wir teilen uns Ort, Anschrift und Erreichbarkeit am Urlaubsort sowie Dauer einer Reise vorher schriftlich mit."

Es ist auch möglich, bereits Festlegungen für die Zukunft zu treffen oder Bereiche unter sich aufzuteilen:

„Max soll, wenn er 3 Jahre alt ist, in den Waldorf-Kindergarten der Stadt S. gehen, wenn er einen Platz erhält. Auf keinen Fall soll er einen konfessionell gebundenen Kindergarten besuchen."

„Wenn Brigitte eingeschult ist, soll sie am evangelischen Religionsunterricht teilnehmen. Ob Brigitte am Konfirmationsunterricht teilnimmt, soll sie zu gegebener Zeit selbst entscheiden."

„In Fragen der medizinischen Versorgung soll der Vater (alternativ: die Mutter) zur alleinigen Entscheidung befugt sein. Dies gilt für gravierende medizinische Massnahmen (Therapien, Operationen etc.). Die medizinische Alltagsversorgung übernimmt jeder Elternteil während seiner Betreuung eigenverantwortlich, er/sie informiert den anderen Elternteil darüber."

Alltagsentscheidungen

Im Residenzmodell werden Alltagsentscheidungen vom Residenzelternteil, der die überwiegende Obhut der Kinder innehat, getroffen. Da es im Wechselmodell keine überwiegende Obhut gibt, weil dies auf beide Eltern abwechselnd zutrifft, muss eine Regelung zur Entscheidung über Alltagsfragen getroffen werden. Es gibt drei Möglichkeiten:

Erfordernis der Einvernehmlichkeit: Sie können bestimmen, auch (manche oder alle) Alltagsfragen künftig gemeinsam zu entscheiden. Dies führt jedoch zu hohem Abstimmungsbedarf und ist nur Eltern zu empfehlen, die gut miteinander kommunizieren können.

„Alltagsentscheidungen werden wir – soweit es möglich ist – nach Rücksprache einvernehmlich treffen."

Entscheidungen im Voraus: In der Vereinbarung können bereits Festlegungen für die Zukunft getroffen werden.

„Lisa soll selbst entscheiden, ob sie ein Musikinstrument erlernen möchte und wenn ja, welches."

„Ferdinand soll formal mit Hauptwohnsitz beim Vater gemeldet werden, ohne dass hiermit eine Festlegung über einen Betreuungsschwerpunkt oder Lebensmittelpunkt getroffen wird."

Aufteilung der Verantwortungsbereiche: Weder Vorabfestlegungen, noch gemeinsame Entscheidungen durch beide Eltern sind in allen Details möglich, insbesondere bei Fragen, die regelmässig auftreten: Wer darf über die Frisur entscheiden? Wer wählt die Kleidung aus und nach welchen Massstäben? Wer entscheidet über Anmeldung zu Kursen (Schwimmkurs, Musikstunde etc.)? Bei sehr zerstrittenen Eltern kann eine strikte Aufteilung von Entscheidungskompetenzen deeskalierend wirken, weil der Kommunikationsbedarf niedrig gehalten wird. Dies kann Ihnen viele Diskussionen ersparen.

„Klaus darf weiterhin im Verein Fussball spielen; diesbezügliche Entscheidungen trägt sein Vater allein und teilt sie der Mutter unverzüglich mit (insbesondere Termine von Spielen und Turnieren)."

„Die Verantwortung über die medizinische Grundversorgung (z. B. Arztwahl, Vorsorgeuntersuchungen, Routinebehandlung von „Kinderkrankheiten" u. ä.) trifft die Mutter alleine und teilt dem Vater die Entscheidungen und Massnahmen unverzüglich mit. Dies betrifft nicht gravierende medizinische Massnahmen (z. B. Operationen und längerfristige Therapien)."

„Der Vater führt vorrangig die Gespräche mit den Lehrkräften an Julias Schule und informiert die Mutter zeitnah über schulische Themen."

Denkbar sind natürlich auch Kombinationen aus Vorabfestlegungen, Entscheidungsaufteilung (=Übertragung auf einen Elternteil allein), Absichtserklärungen, Informationspflichten und der Bestimmung, künftig Fragen einvernehmlich zu entscheiden.

„Christa soll nächstes Jahr in der XY-Schule angemeldet werden [Vorabfestlegung]. Entscheidungen über schulische Belange trifft der Vater allein, der die Mutter hierrüber in Kenntnis setzt [Entscheidungsaufteilung]. Wir werden veranlassen, dass die Schule etwaige Post an uns beide verschickt [Absichtserklärung]. An Elternabenden und Elternsprechtagen nehmen wir nach Möglichkeit gemeinsam teil [Absichtserklärung]. Sollte ein Elternteil verhindert sein, teilt der andere ihm am Folgetag per Telefon oder E-Mail die wesentlichen Informationen mit [Informationspflicht]. Grundsätzliche Entscheidungen (z. B. Wahl der Fremdsprachen, Wiederholung einer Klasse, Schulwechsel) werden wir gemeinsam entscheiden [Bestimmung der einvernehmlichen Entscheidung]."

Betreuungsentscheidungen

Betreuungsentscheidungen (z. B. wann geht das Kind wo ins Bett, darf es einen Film sehen oder nicht, was isst und trinkt das Kind etc.) trifft der jeweils betreuende Elternteil. Dies hat im Residenzmodell, wie im Wechselmodell, die gleiche Gültigkeit. Trotzdem kann es sinnvoll sein, über Betreuungsentscheidungen Vereinbarungen zu treffen, sowohl in Ihrem Interesse als Eltern (über „Stressthemen") als auch im Interesse der Kinder (über „Routinen").

Stressthemen

Jede Familiengeschichte hat ihre eigenen individuellen Stressthemen (vgl. Abschn. 4.6). Damit sind kindbezogene Themen gemeint, über die Sie sich uneins sind und die immer wieder zu Unstimmigkeiten führen. Manche werden durch die Trennung hinfällig, andere bleiben durch gemeinsame Elternschaft weiterhin aktuell oder nehmen sogar an Bedeutung zu. Es ist hilfreich, sich die eigenen Stressthemen vor Augen zu führen und zu entscheiden, wie damit umgegangen werden soll. *McKinnon & Wallerstein* (1986) weisen in den Schilderungen der 24 Wechselmodelleltern in ihrer Studie auf praxisrelevante Themen hin, die wichtige Hinweise liefern. Die Wechselmodelleltern nannten vier besonders heikle Stressthemen, über die es bei ihnen dauerhaft Konflikte gab:

- Ernährung
- Fernsehen (heute müsste man „Mediennutzung" sagen)
- Disziplin/Regeln und
- Schlafenszeiten bzw. Schlaforte.

Es ist anzuraten, dass Eltern, die sich für abwechselnde Betreuung entscheiden, sich vorher über diese Themen gesondert unterhalten und Absprachen treffen, die sie auch schriftlich festhalten.

„Klara erhalt von jedem Elternteil 5 Euro/SFR wöchentlich als Taschengeld."

„Tom darf bei beiden Elternteilen nicht langer als 2 Stunden am Tag fernsehen oder elektronische Medien nutzen."

Am einfachsten ist es, wenn Sie sich über Ernährung, Medienkonsum und Disziplin/Regeln jeweils freie Hand lassen und die Verschiedenartigkeit des anderen akzeptieren. Es ist für Kinder meist unproblematisch zu akzeptieren, dass sie bei einem Elternteil mehr Süssigkeiten essen dürfen als beim anderen, beim einen mehr Fernsehen oder am PC spielen dürfen als beim anderen – das ist auch in zusammenlebenden Familien so. Kinder können (und müssen) auch damit leben, dass im Kindergarten andere Regeln gelten als zuhause, dass sie bei Oma/Opa andere Dinge dürfen als zuhause und dass Mutter und Vater verschiedene Erziehungsleitlinien verfolgen.

„Über den Fernseh- und Medienkonsum entscheidet jeder Elternteil in eigener elterlicher Verantwortung."

Wenn es jedoch Grenzen gibt, deren Überschreitung ein Elternteil nicht tolerieren möchte (zum Beispiel Einhaltung von religiösen Ernährungsvorschriften), sollten Sie versuchen, sich zu einigen. Anhaltender Dissens hierüber kann zu Dauerkonflikten führen, die Kinder belasten und ein Wechselmodell zum Scheitern bringen können.

„Wir vereinbaren, unsere Kinder vegetarisch zu ernähren, bis sie das 7. Lebensjahr erreicht haben. Danach sollen sie selbst über ihren Fleischkonsum entscheiden."

Oder:

„Fragen der Ernährung entscheidet jeder Elternteil selbst, unter Berücksichtigung von Hannahs Gesundheit."

Schlafzeiten der Kinder und **Schlaforte** sollten im Interesse der Kinder möglichst ähnlich oder gleich gehandhabt werden, vor allem bei kleinen Kindern. Sie sind auf diese Regelmässigkeit zum Ein- und Durchschlafen angewiesen und finden sonst keinen gleichmässigen Rhythmus. Mit „Schlaf-orten" ist gemeint:

- im eigenen Zimmer oder
- im Zimmer eines Elternteils,
- im eigenen Bett oder
- im Bett von Mutter/Vater.

Der Schlafort kann problematisch sein, wenn Kinder zum Beispiel im „Ehe-bett" mit dem/der neuen Partner/in schlafen sollen. Diese Vorstellung kann den Co-Elternteil stören – nehmen Sie bitte darauf Rücksicht.

> *„Heike und Florian sollen in der Regel in ihren eigenen Betten schlafen. Wenn sie in Ausnahmefällen (z. B. bei Krankheit) im Bett des Elternteils eingeschlafen sind, werden sie später zum Weiterschlafen in ihr eigenes Bett getragen."*

Routinen

Mehrere Untersuchungen betonen, dass ähnliche Abläufe in manchen Bereichen den Kindern die Übergänge zwischen den Elternhäusern erleichtern können; dies gilt insbesondere für jüngere Kinder. Für Über-nachtungen von Babys und Kleinkindern bei beiden Eltern ist es nicht erforderlich, dass die Betten oder Kinderzimmer sich ähneln, da Kinder sich schnell an unterschiedliche Umgebungen gewöhnen, so *Kelly & Lamb* (2000, S. 307). Die beiden Entwicklungspsychologen betonen, dass ähn-liche oder gleiche Essens- und Schlafroutinen und Einschlafrituale hilf-reich für Kinder sind, weil dies den Kindern Sicherheit vermittelt. Dies betont auch eine Untersuchung zu Kleinkindern im Wechselmodell von *Franbuch-Grembeck* (2004). Die Untersuchung hat zwar wegen der sehr kleinen Stichprobe (4 Familien) nur eingeschränkte Aussagekraft, aber die praktischen Hinweise sind wertvoll, wenn Kinder zwischen 0 und 3 Jah-ren abwechselnd betreut werden. Die US-amerikanische Psychologin *Franbuch-Grembeck* betont, dass ähnliche Routinen, also gleichbleibende, für Kinder vorhersehbare Abläufe, den Kindern helfen – auch wenn die Eltern zusammen leben, aber erst recht, wenn das Kind zwei Zuhause hat. Verschiedene Regeln können auch schon sehr kleine Kinder verstehen, unterschiedliche Disziplinvorstellungen der Eltern ebenfalls. Aber unter-schiedliche Routinen bringen Kinder durcheinander, so die Psychologin. Besonders wichtig sind Routinen beim Thema Essen und Schlafen. Ein

Beispiel: Das Zubettgehen sollte immer möglichst in der gleichen Reihenfolge stattfinden: erst Abendessen, dann baden, dann Schlafanzug anziehen, dann vorlesen, dann noch ein bisschen Schmusen und ein Lied singen und dann Licht aus und schlafen. Wenn dies beide Eltern so machen, weiss das Kind schon, was als nächstes kommt und das gibt ihm ein sicheres Gefühl. Diese Dinge – so wichtig sie sind – entziehen sich der Regelung in einer Elternvereinbarung; hierzu sollten Sie möglichst im Austausch stehen und mündlich Konsens suchen. In der Betreuungsvereinbarung kann hierzu nur eine Absichtserklärung getroffen werden.

> *„Über notwendige wesentliche Änderungen in den Tagesabläufen von Martha werden wir uns per E-Mail informieren und austauschen und versuchen, diesbezüglich möglichst viele Gemeinsamkeiten aufrecht zu erhalten, bis sie in den Kindergarten kommt."*

Umgang mit Konflikten

Konflikte und Meinungsverschiedenheiten zwischen Ihnen sind auch in Zukunft unvermeidbar. Sie mitzuerleben kann für Kinder sehr belastend sein und im Extremfall ihre psychische Entwicklung beeinträchtigen. Dabei kommt es aus Sicht der Kinder weniger darauf an, *ob* Sie Konflikte haben, sondern *wie* Sie damit umgehen. Um sich dies vor Augen zu halten, kann es hilfreich sein, eine entsprechende Absichtserklärung zu formulieren:

> *„Wir wollen versuchen, unsere Konflikte möglichst gering zu halten, das Wohl unserer Tochter Emma stets in den Mittelpunkt zu stellen und auftretende Konflikte auf jeden Fall unter uns Erwachsenen zu klären."*

Auch eine „Schlichtungsstelle" kann vorgesehen werden, das kann z. B. eine Beratungsstelle sein, das Jugendamt, bzw. die KESB, ein/e Mediator/in oder ein Freund oder eine Freundin.

> *„Sollten wir in einem Konfliktpunkt nicht zu einvernehmlichen Lösungen finden, wollen wir in schulischen Belangen Frau Meier um Rat fragen und sie ggf. entscheiden lassen. Unsere Freundin Anne soll in allen anderen Fällen versuchen, einen Kompromiss zwischen uns zu vermitteln. Wenn dies nicht gelingt, wollen wir professionelle Hilfe eines Mediators/einer Mediatorin in Anspruch nehmen; die Kosten hierfür werden wir uns hälftig teilen."*

> **Zusammenfassung**
>
> Als Minimalinhalt einer schriftlichen Betreuungsregelung sollte die Wechsel-
> frequenz und der Wechselzeitpunkt geregelt sein. Da das Regelungsbedürfnis
> individuell verschieden ausgeprägt ist, verbietet sich eine Verallgemeinerung
> im Sinne einer Empfehlung dazu, was Eltern darüber hinaus vereinbaren sollen.

6.4   Unterhaltsvereinbarung im Wechselmodell

In Wechselmodellvereinbarungen muss keine Unterhaltsregelung getroffen
werden, eine solche ist jedoch möglich. Über ihre Möglichkeiten und Grenzen informiert dieses Kapitel. Es kann ratsam sein, dass Eltern sich vor einer
Unterhaltsvereinbarung jeweils über ihre rechtlich durchsetzbaren Unterhaltsansprüche anwaltlich beraten lassen, damit sie die Alternativen und
ihren Verhandlungsspielraum kennen. Geregelt werden können Unter-
haltsleistungen/Alimente für Kinder und Unterhalt für einen Elternteil, der
Bezug des Kindergeldes/Kinderzulagen/Familienbeihilfe u. ä., Aufteilung
und Übernahme der Kosten für ein Kind/die Kinder sowie die Dauer der
Vereinbarung und mögliche Abänderungsgründe.

Unterhalt für die Kinder (Alimente)
Wenn Sie einen Unterhaltsbetrag vereinbaren wollen, kann dieser jede
beliebige Höhe haben und er kann an Bedingungen geknüpft werden (z. B.
einen bestimmten Betreuungsumfang oder eine Teilzeiterwerbstätigkeit)
oder zeitlich befristet werden.

> *„Die Mutter soll Kinderunterhalt i.H.v. 400 Euro/SFR pro Monat für Manuel
> erhalten, bis einschliesslich den Monat, in dem er in die Schule kommt. Dies gilt auf
> der Grundlage, dass sie 65 % der Kinderbetreuungszeiten abdeckt und daher nur
> in Teilzeit erwerbstätig ist. Die Vereinbarung gilt daher nur so lange, wie sie ihrer
> Erwerbstätigkeit nur im Umfang einer Halbtagsstelle (50 %) nachkommt."*

Häufig wird statt einer Unterhaltsleistung, die an einen Elternteil gezahlt
wird, ein Ausgleich zwischen den unterschiedlich leistungsfähigen Eltern
durch Regelung der Kostenübernahme für bestimmte Kosten der Kinder
erreicht (siehe unten Stichwort „Kostenaufteilung").

Unterhalt für einen Elternteil

Für Unterhaltsansprüche der Eltern untereinander ist im Wechselmodell in der Regel kein Raum, weil beide Eltern erwerbstätig sein können bzw. durch die Kinderbetreuung in gleicher Weise darin eingeschränkt sind. Dann kann es sinnvoll sein, einen wechselseitigen Verzicht zu erklären.

> *„Wir verzichten wechselseitig auf Unterhalt für uns und nehmen den Verzicht wechselseitig an."*

In Fällen mit stark differierenden Einkommen kann natürlich auch eine bestimmte Summe, ggf. für eine befristete Zeit (z. B. ein Jahr als Übergangsunterstützung oder bis zu einem bestimmten Alter der Kinder) oder bis zu einem Ereignis (z. B. Besuch des Kindergartens, Einschulung, Abschluss einer Ausbildung durch einen Elternteil o. a.) vereinbart werden.

> *„Der Vater/die Mutter zahlt der Mutter/dem Vater ab … [Datum] einen Unterhaltsbetrag in Höhe von monatlich … Euro/SFR bis … [Datum/Ereignis]."*

Freistellung von Unterhaltsansprüchen (Verzicht)

Es kann für Eltern eine „Befreiung" sein, sich durch einen wechselseitigen Unterhaltsverzicht finanziell unabhängig voneinander zu machen. Von der individuellen Erleichterung abgesehen, entlastet dies auch die co-elterliche Beziehung. Das „Konfliktfeld Unterhalt" kann umgangen werden, indem Eltern die wechselseitige Freistellung von Unterhaltsansprüchen vereinbaren. Das bedeutet, die Eltern tragen entsprechend ihrem Können und Wollen jeder seinen Anteil an den Kosten für das Kind und zwischen den Eltern fließen keine Barbeträge. Es kann gerecht sein, wenn ein Elternteil deutlich weniger verdient, diesem zum Ausgleich das/die Kindergeld/Familienbeihilfe/Kinderzulagen zu überlassen oder dass der finanziell besser situierte z. B. die Kindergartenkosten oder eine andere regelmässige Leistung zum Ausgleich voll übernimmt.

Der Unterhaltsverzicht für das Kind hat einen rechtlichen Haken: Der Unterhaltsanspruch des Kindes (Alimente) gehört dem Kind und nicht den Eltern. Eltern können daher auf Kindesunterhalt für die Zukunft nicht rechtswirksam verzichten, denn der Anspruch gehört ja dem Kind, daher gilt die Freistellung nur zwischen den Eltern, der Unterhaltsanspruch des Kindes bleibt davon unberührt. Sie können zwar vereinbaren, den

Anspruch vorläufig nicht geltend zu machen, im prozessualen Streitfall ist die Freistellungsvereinbarung aber voraussichtlich rechtlich unwirksam, insbesondere wenn sich die Betreuungssituation oder das Einkommen erheblich geändert hat. So lange Sie jedoch nicht vor Gericht auf Unterhalt klagen, können Sie frei vereinbaren, was Ihnen gerecht erscheint. Sie können die Freistellung auch an Bedingungen knüpfen oder sie befristen. So könnte eine Formulierung zum Beispiel lauten:

> *„Wir stellen uns von wechselseitigen Kindesunterhaltsforderungen für Julian frei, solange die oben vereinbarte Aufteilung der Kosten Gültigkeit hat und erfüllt wird und solange die Betreuung von Julian zu ungefähr gleichen Teilen erfolgt (mind. 40:60 % der Zeit je Vater/Mutter).“*

Es kann auch ein pauschaler Betrag vereinbart werden, den ein Elternteil dem anderen zahlt, weil dieser über deutlich weniger Einkommen verfügt und/oder weil dieser in einem grösseren zeitlichen Umfang die Kinder betreut.

> *„Solange die Mutter/der Vater einen Betreuungsumfang von > … % im Jahr erfüllt, erhält sie/er einen pauschalen Betrag i.H.v. … Euro/SFR monatlich als Unterhaltsleistung. Der Unterhalt ist Anfang des Monats, spätestens bis zum dritten Werktag eines Monats an die Mutter/den Vater per Banküberweisung zu zahlen.“*

Der Vereinbarungskreativität sind auch hier wenig Grenzen gesetzt. So können Unterhaltsleistungen auch mit der Übernahme von Aufgaben einher gehen.

> *„Auf Dauer der Gültigkeit dieser Betreuungsvereinbarung bezahlt die Mutter/ der Vater einen pauschalen Betrag i.H.v. … Euro/SFR monatlich als Unterhaltsleistung an …. Dafür übernimmt der andere Elternteil das Einkaufen von Kleidung und Schuhen.“*

Kindergeldbezug/Kinderzulagen/Familienbeihilfe u. ä.

Da die staatlichen Leistungen für Kinder nur von einem Elternteil bezogen werden können, muss dieser gegenüber der auszahlenden Stelle benannt werden. Dies geschieht entweder durch ein Schreiben, das beide Eltern unterschreiben oder zwei gesonderte Schreiben übereinstimmenden Inhalts.

„Das Kindergeld/die Familienbeihilfe/die Kinderzulage soll der Vater/die Mutter beziehen. Wir teilen das der … stelle umgehend in einem gemeinsamen Brief mit."

Es gibt viele Möglichkeiten, diese staatlichen Leistungen im Wechselmodell zu verteilen, zum Beispiel hälftig:

„Wir teilen uns den Betrag, indem der Vater/die Mutter die Hälfte an den anderen Elternteil auszahlt."

Oder der weniger verdienende Elternteil erhält es zur alleinigen Verwendung für das Kind. Es kann angebracht sein, diese Regelung an Bedingungen zu knüpfen:

„Der Vater/die Mutter erhalt das Kindergeld/die Familienbeihilfe/die Kinderzulage zur alleinigen Verwendung für … (das Kind), solange er/sie weniger als … Euro/ SFR netto verdient."

Der Elternteil, der das Kindergeld, die Familienbeihilfe/Kinderzulage bezieht, kann dafür auch regelmässig anfallende Kosten (z. B. Kinderbetreuungsgebühren, Musikstunde o. ä.) übernehmen.

„Der Vater/die Mutter erhält das Kindergeld/die Familienbeihilfe/die Kinderzulage und zahlt damit die Kosten für die Monatskarte, das Mittagessen in der Schule und den Hort."

Oder es wird ein „Kinderkonto" angelegt, auf das die Leistungen eingehen und von dem bestimmte, zu vereinbarende Kosten bezahlt werden.

„Wir eröffnen bei der X-Bank ein Konto, auf das das staatliche Kindergeld/die Famielienbeihifle/die Kinderzulage fliest. Von dem dort angesparten Geld soll Xaver nach Beendigung der Schule seine Ausbildung finanzieren."

„Wir eröffnen bei der X-Bank ein Konto, auf das das staatliche Kindergeld/die Familienbeihilfe/die Kinderzulage fliest. Von dem dort angesparten Geld kauft der Vater/die Mutter Kleidung und Schuhe für Simone."

Kostenaufteilung (Übersicht)

Es ist hilfreich, sich vor Abschluss einer Unterhalts- oder Kostenaufteilungsvereinbarung über die tatsächlichen Kosten für Kinder ein Bild zu machen. Die Ausgaben kann man nach Grundkosten (=Fixkosten), Alltagskosten und unregelmässigen Sonderausgaben differenzieren. Nicht erfasst sind hier die Opportunitätskosten, d. h. das nicht erzielte Erwerbseinkommen, aufgrund der Zeit, die man seinen Kindern widmet. Über letzteres müssen Eltern sich aber auch nicht einigen, die Verteilung ergibt sich als mittelbare Folge der Betreuungszeitvereinbarung.

Grundkosten

Mit Grundkosten sind sog. „Fixkosten" gemeint, die regelmässig jeden Monat in gleicher Höhe anfallen und von Eltern getragen werden müssen. Dies betrifft z. B. den Bereich des Wohnens. In der Regel wird es angemessen sein, wenn jeder Elternteil seinen finanziellen Möglichkeiten entsprechend seinen Kindern Wohnraum zur Verfügung stellt und diesen auch bezahlt.

„Die Kosten für Wohnraum trägt jeder Elternteil in seiner Wohnung."

Zu den Grundkosten gehören auch Gebühren für Kindertagesbetreuung oder Schule/Hort, einschliesslich dortiger Verpflegung (Tagesessen). Hier ist zu klären, wer sie zu welchem Anteil trägt.

„Die Kosten für den Kindergarten, einschliesslich des monatlichen Essensgeldes, trägt der Vater/die Mutter/jeder Elternteil zur Hälfte [oder eine andere Quote]."

Dies gilt ggf. auch für Kosten zur Krankenversicherung, wenn Kinder nicht kostenfrei über einen Elternteil mitversichert sind, sowie andere Versicherungen.

„Urs wird über seinen Vater/seine Mutter privat krankenversichert; die Kosten trägt dieser/diese alleine."

Weitere Fixkosten können z. B. Monatskarten für den öffentlichen Nahverkehr sein.

„Der Vater/die Mutter zahlt die Kosten für die Netzkarten der Kinder in 11 Monaten des Jahres (nicht in den grossen Ferien)."

Alltagskosten (regelmäßige Kosten)

Alltagskosten sind regelmäßig anfallende Ausgaben, die jedoch entweder nicht monatlich fest beziffert sind (z. B. Essen & Trinken, Kleidung & Schuhe) oder nicht unbedingt notwendig wären (z. B. Kosten für die Musikschule). Hier ist mehr Spielraum, je nachdem ob man sparen muss oder nicht. Wenn die Betreuungszeit annähernd gleich ist, wird es sich bei den unbezifferten Posten anbieten, dass die Eltern den jeweils bei sich anfallenden Kostenanteil selbst tragen, sodass weder eine Aufteilung noch eine Verrechnung notwendig sein wird. Dies gilt für die Ernährung zuhause und die Einkleidung mit der notwendigen Grundausstattung.

> „Alle Kosten für Essen, Trinken u. ä. Haushaltskosten trägt jeder Elternteil in seiner Betreuungszeit alleine."

Für regelmäßige Positionen wie Vereinsbeiträge, Unterricht etc. muss eine Aufteilungs- oder Übernahmeregelung getroffen werden, ebenso für besondere Anschaffungen.

> „Die monatlichen Kosten für Alinas Ballettunterricht trägt der Vater, die notwendige Ballettkleidung und -schuhe zahlt die Mutter."

Unregelmäßige Kosten

Für besondere Anschaffungen und Ausgaben müssen extra Regelungen getroffen werden. Hierunter fällt zum Beispiel die Teilnahme an Klassenfahrten oder das Ausrichten von Familienfeiern (Taufe, Kommunion, Konfirmation o. a.). Dabei sind viele Regelungen denkbar, etwa eine Halbteilung oder dass nur ein Elternteil die Kosten trägt, wenn z. B. nur dieser an einer religiösen Erziehung interessiert ist:

> „Die Kosten für Klassenfahrten übernimmt … zu 1/3 und … zu 2/3."

> „Die Kosten der Kommunionsfeier teilen wir uns zur Hälfte."

> „Die Kosten für kirchliche Feste und Feiern übernimmt der Vater/die Mutter alleine."

Auch Kindergeburtstage können „ins Geld gehen", man kann dies regeln, wenn man will:

> „Die Kindergeburtstagspartys für Leon richten wir abwechselnd und auf unsere Kosten aus."

> „Den Kindergeburtstag feiert Leon bei …, die Kosten dafür teilen wir uns."

Weitere unregelmäßige – auch sehr hohe – Kosten können sein:

- Kieferorthopädische Zahnbehandlungen
- Nicht von einer Krankenversicherung gedeckte Heilbehandlungen
- Anschaffung eines teuren Musikinstruments
- Kostspielige Sportausrüstungen u. s. w.

Hier kann eine Beteiligungsquote an den Kosten vereinbart werden oder Sie richten ein „Kinderkonto" ein, auf das regelmäßige Eingänge fliessen (z. B. das staatliche Kindergeld/Familienbeihilfe/Kinderzulage) und/oder auf das jeder Elternteil eine bestimmte Summe einzahlt.

> *„Für unregelmässige Zusatzausgaben richten wir ein „Kinderkonto" ein, auf das wir beide nur gemeinsam Zugriff haben (sog. „und-Konto") [(alternativ: auf das jeder Elternteil alleine Zugriff hat (sog. „oder-Konto")]. Auf dieses Konto fliest das staatliche Kindergeld/Familienbeihilfe/Kinderzulage für Celina und Nico und die Mutter zahlt monatlich … Euro/SFR ein, der Vater zahlt monatlich … Euro/SFR ein. Über die Verwendung des Geldes sprechen wir uns vorher ab und entscheiden gemeinsam."*

Kostenaufteilung (Checkliste)

Nachfolgende „Checkliste" (Tab. 6.1) soll der differenzierten und konkreten Erhebung der „Kosten für Kinder" dienen. Da die Kosten sich mit der Zeit ändern, kann nur eine Momentaufnahme gemacht werden. Die monatlichen Beträge können Sie zunächst schätzten („Höhe Euro/SFR pro Monat"). Sodann sollten Sie versuchen, die Übernahme der Kosten gerecht zu verteilen („zahlt Vater" bzw. „zahlt Mutter"). In manchen Bereichen können Sie vereinbaren, dass jeder den auf sich entfallenden Kostenteil selbst trägt. Über die Zuordnung mancher Kostenfaktoren könnte man diskutieren, aber darauf kommt es nicht an. Zweck der „Checkliste" ist es, im ersten Schritt eine Übersicht über die anfallenden Kosten zu gewinnen und in einem zweiten Schritt zu regeln, wer welche Kosten zu welchem Anteil übernimmt. Ich empfehle Ihnen, sich eine Kopie der „Checkliste" anzufertigen, diese um individuelle Kostenfaktoren, die hier nicht genannt sind, zu erweitern und die jeweiligen Angaben als Grundlage für Aufteilungsvorschläge heranzuziehen.

Tab. 6.1   Checkliste zu den Kosten für Kinder

Kostenfaktor	Konkretisierung (Beispiele)	Höhe/ Mon.	Trägt Vater	Trägt Mutter
Grundkosten (Fixkosten)				
Wohnung/Kinderzimmer	Miete/Finanzierung für ein/mehrere Zimmer, Grundeinrichtung & Möblierung, anteilig Heizung/Verbrauchsnebenkosten			
Versicherung	Krankenversicherung, ggf. Zusatzversicherung, Privathaftpflicht, Berufsunfähigkeitsversicherung etc.			
Tagesbetreuung	Tagesmutter/-vater, Krippe, Kindergarten, Hort, Hausaufgabenbetreuung, ggf. Au-Pair, oder private Tagesbetreuung			
Tagesessen	Verpflegung in Krippe/Kindergarten/Schule			
Transport	Fahrkarten für den öffentlichen Nahverkehr, Schulbus etc.			
Weitere Fixkosten				
Alltagskosten				
Ernährung	Essen, Trinken, Restaurantbesuche			
Gesundheitskosten	Zuzahlung zu medizinischer Versorgung, Heilmittel und Hilfsmittel (Brille, Zahnspange etc.)			
Kleidung, Schuhe	Alltags-/Freizeitkleidung und Schuhe (doppelt), teure oder selten genutzte besondere Kleidung (einfach)			
Freizeit	Unternehmungen, Ausflüge, Eintrittsgelder, Schwimmkurs u.ä. kostenpflichtige Aktivitäten. Kosten für Hobbies: Musikunterricht, Ballett, Reiten, Sportverein etc.			
Urlaubsreisen	Urlaub mit einem Elternteil, Ferienreisen			
Bildungskosten	Schuldgeld, Zusatzunterricht, Lernmaterial, Nachhilfestunden, Schulausflüge, Klassenfahrten etc.			
Betreuung	Babysitter u.ä.			
Weitere Alltagskosten				
Sonderausgaben				
Anschaffungen	Fahrrad, Handy, Computer, Instrument etc.			
Feste und Feiern	Familienfeiern, Kindergeburtstag etc.			
Sonstige Zusatzkosten	Geburtstagsgeschenke bei Einladungen, Frisör, Fahrradreparatur, Tierarzt für das Haustier etc.			
Weitere Sonderausgaben				
Summen		$\sum$	$\sum$	$\sum$

Abänderungsgründe

Betreuungsvereinbarungen sind nicht statisch, sie werden sich im Laufe der Zeit wahrscheinlich ändern (müssen) und dies sollte in der Vereinbarung bereits mit bedacht sein (Beisp. 1). Es kann auch einfach eine zeitliche Befristung vereinbart werden (Beisp. 2). Es wird empfohlen, für Änderungen ebenfalls ein Schriftformerfordernis zu vereinbaren (Beisp. 3).

1. *„Die Unterhaltsvereinbarung gilt bis zu einer Neuregelung des Betreuungsumfangs ± 10 % des zeitlichen Umfangs pro Jahr."*
2. *„Die Unterhaltsvereinbarung gilt ab … (Datum) für die Dauer von 12 Monaten."*
3. *„Abweichungen von dieser Vereinbarung im Einzelfall und grundlegende Änderungen können nur im Einverständnis zwischen den Eltern vereinbart werden; Änderungen bedürfen der Schriftform."*

Zusammenfassung

Im Wechselmodell können Unterhaltsvereinbarungen sinnvoll sein und vor Auseinandersetzungen schützen. Die Regelung kann dabei die Zahlung von Unterhalt umfassen, sowie den Verzicht auf diese. Dabei ist der Verzicht auf Kindesunterhalt nur zwischen den Eltern bindend, nicht aber für das Kind. Weiter ist zu regeln, an welchen Elternteil das Kindergeld/Familienbeihilfe/Kinderzulage ausbezahlt wird und wie die Kosten für das Kind/die Kinder zwischen den Eltern aufgeteilt werden. Die Gültigkeit der Unterhaltsvereinbarung kann an Bedingungen und Fristen geknüpft werden und Abänderungsgründe können vereinbart werden.

6.5 Formular für eine Wechselmodellvereinbarung

Das folgende Formular bildet nur eine von vielen Möglichkeiten ab, wie Sie eine Wechselmodellvereinbarung formulieren *könnten*. Ein * bedeutet, dass aus mehreren Alternativen auszuwählen/zu streichen ist, „…" und eckige Klammern bedeuten, dass hier etwas einzutragen ist. Es sind nicht alle Alternativen aus Kap. 6 vorgesehen, diese können Sie nach ihren Vorstellungen ergänzen oder austauschen. Was Sie nicht vereinbaren wollen, können sie einfach streichen.

Vereinbarung über Kindesbetreuung/elterliche Verantwortung/Unterhalt*

Vom ... [Datum]
geschlossen zwischen
[Name, Anschrift] – im Folgenden die Mutter –
und
[Name, Anschrift] – im Folgenden der Vater –
betreffend die Kinder
... [Name], geb. am .... [Datum] und ... [Name], geb. am .... [Datum] etc.

§1 Präambel
Wir haben uns am ... [Datum] als Paar getrennt. Wir sind uns einig, dass es dem Wohl von ... [Name des Kindes] am besten entspricht, wenn wir nach der Trennung weiterhin unsere gemeinsame elterliche Verantwortung gleichberechtigt und -verpflichtet ausüben und die Betreuung abwechselnd übernehmen.

*Zur Umsetzung dieser Ziele schließen wir nachfolgende Betreuungsvereinbarung/Vereinbarung über die Ausübung der elterlichen Verantwortung/Unterhaltsvereinbarung.***

1. Teil:
Betreuungsvereinbarung
§ 2 Wechselfrequenz und Betreuung
1. Die Kinder wechseln im Turnus von ... Tagen/Wochen zwischen den Eltern.
2. Diese Regelung soll für die Dauer von 6 Monaten/12 Monaten erprobt und danach angepasst werden.*
3. Ist ein Elternteil während seiner Betreuung verhindert, wird zunächst der andere Elternteil angefragt, ehe dritte Personen für die Betreuung herangezogen werden.
4. Betreuungszeiten, die ein Elternteil nicht wahrnehmen konnte, werden nicht nachgeholt, es sei denn es wäre ausdrücklich ein Tausch vereinbart worden.

§ 3 Feste und Feiertage
1. ... [Name Kind/er] verbringt/en die Weihnachtsferien abwechselnd bei den Eltern. Der Elternteil, bei dem er/sie* turnusgemäß am 24.12. nicht ist/sind, kann mit ihr/ihm/ihnen* am 25./26.12. Weihnachten nachfeiern. In diesem Jahr ist/sind* ... [Name Kind/er] in den Weihnachtsferien bei ihrer Mutter/ihrem Vater.**

2. … *[Name Kind/er] verbringt/en* den Geburtstag der Eltern jeweils nachmittags mit ihnen zusammen. Den Kindern soll auch ermöglicht werden, … [Name der Person] jeweils zu ihrem Geburtstag zu besuchen.*
3. *Der Geburtstag von … [Name Kind/er] wird mit dem Elternteil gefeiert, bei dem er/sie* sich turnusgemäß aufhält/aufhalten.*
4. *Die Einladung zur Kindergeburtstagsparty findet ebenfalls dort statt/in der Folgewoche beim anderen Elternteil statt.**

§ 4 Ferienregelungen
1. … *[Name Kind/er] verbringt/en* jeweils die erste Hälfte der Schliesszeiten des Kindergartens/der Kinderkrippe/der Schulferien* bei seiner/ihrer* Mutter, die zweite Hälfte bei seinem/ihrem* Vater.*

Alternativ:

1. *Die erste Hälfte der Ferien sind … [Name Kind/er] bei dem Elternteil, der vor Ferienbeginn turnusgemäß nicht der Betreuende war.*
2. *In den Sommerferien wechseln die Eltern sich alle … [Zahl] Tage ab.*

§ 5 Übergabe, Wechselzeitpunkt und -modalitäten
1. … *[Name Kind/er] wechselt/n jeweils freitags selbstständig über die Schule.*
2. *An schulfreien Tagen wird er/sie* vom Elternteil, dessen Betreuungszeit endet, um … Uhr zum anderen Elternteil gebracht.*

Alternativ:

1. *An schulfreien Tagen wird er/sie* vom Elternteil, dessen Betreuungszeit beginnt, um … Uhr beim anderen Elternteil abgeholt.*
2. *Der Wechsel soll in Schulwochen am … [Wochentag] nach Ende des Unterrichts stattfinden.*
3. *In allen anderen Fällen soll der Wechsel um … Uhr stattfinden.*
4. *In Ferienwochen findet der Wechsel in der Mitte der Ferientage um … Uhr statt.*
5. … *[Name Kind/er] wird/werden immer vom künftig betreuenden Elternteil beim anderen abgeholt.*

Alternativ:

1. ... *[Kind/er] wird/werden immer vom bisher betreuenden Elternteil zum anderen Elternteil gebracht.*
2. *Wir wollen uns bemühen alles zu tun, um ... [Name Kind/er] die Wechsel zu erleichtern. Hierzu gehört es, ihn/sie freudig auf die Zeit mit dem anderen Elternteil einzustimmen und ihn/sie nicht mit unserem Abschiedskummer zu belasten.*

§ 6 Zwischendurchkontakte

1. ... *[Name Kind/er] können jederzeit ungehindert mit dem anderen Elternteil telefonieren, der Telefonkontakt soll dabei in der Regel von ... [Name Kind/er] ausgehen.*
2. *Wir fördern den Kontakt von ... [Name Kind/er] mit ... [Person].*

2. Teil:
Vereinbarung über die Wahrnehmung der elterlichen Verantwortung
Wir haben die gemeinsame rechtliche elterliche Sorge/Obsorge inne.

Alternativ:

Elternteil .... hat die alleinige rechtliche elterliche Sorge/Obsorge inne.

§ 7 Grundsatzentscheidungen von erheblicher Bedeutung
(Bei Alleinsorge eines Elternteils entfällt § 7, es sei denn, dem nicht sorge-berechtigten Elternteilsoll ein Mitbestimmungsrecht eingeräumt werden.)

1. *Grundsatzentscheidungen von erheblicher Bedeutung für ... [Name Kind/er] wollen wir gemeinsam treffen. Hierzu zählen insbesondere*

    - *der Besuch eines Kindesgartens*
    - *der Zeitpunkt der Einschulung*
    - *die Wahl der Schule*
    - *die Festlegung des Wohn- und Aufenthaltsortes*
    - *gravierende medizinische Maßnahmen und*
    - *die grundlegenden Entscheidungen der Religionszugehörigkeit*
    - *.. [andere wichtige Entscheidungen].*

2. *Folgende Fragen soll die Mutter, nach gemeinsamer Beratung, allein ent-*
   scheiden: ....
   ....….

3. *Folgende Fragen soll der Vater, nach gemeinsamer Beratung, allein ent-*
   scheiden: ....
   ....…

4. *Wir erteilen uns wechselseitig Vollmacht für die Vertretung der getroffenen*
   Entscheidungen gegenüber Dritten.

§ 8 Alltagsentscheidungen

1. *Alltagsentscheidungen werden wir nach Rücksprache gemeinsam treffen.*
2. *Im Bereich … [z. B. Schule, Sport, Musikausbildung, ärztliche Alltagsver-*
   sorgung etc.] trifft die Mutter die Alltagsentscheidungen allein und informiert
   den Vater.
3. *Im Bereich … trifft der Vater die Alltagsentscheidungen allein und informiert*
   die Mutter.
4. *Im Bereich … trifft/treffen … [Name Kind/er] die Entscheidungen.*

§ 9 Betreuungsentscheidungen

1. *Fragen der alltäglichen Betreuung entscheidet jeder Elternteil autonom.*
2. *Über* .... *[Themenbereich*
   der Alltagsbetreuung, insbesondere „Stressthemen"] sprechen wir uns ab und
   versuchen Einvernehmen herzustellen.

§ 10 Umgang mit Konflikten

1. *Wir wollen im Interesse unseres Kindes versuchen Konflikte zu vermeiden,*
   den anderen Elternteil als wichtige Bezugsperson für … [Name Kind/er]
   akzeptieren und ihn/sie gegenüber … [Name Kind/er] stets nur respektvoll
   und positiv erwähnen.
2. *Wenn wir Konflikte haben, wollen wir … [Name Kind/er] nicht einbeziehen.*
3. *Wenn wir Konflikte nicht lösen können, wollen wir eine Beratung/Mediation/*
   Schlichtung* bei … versuchen, bevor wir rechtliche Schritte unternehmen.

3. Teil:
Unterhaltsvereinbarung

(Eine Unterhaltsvereinbarung (§ 11, 1. Alternative) und die Freistellung von
Unterhaltsansprüchen (§ 11 , 2. Alternative) schließen sich in der Regel gegen-
seitig aus).

§ 11 Unterhaltsregelungen

1. *Der Vater/die Mutter* zahlt der Mutter/dem Vater* einen Unterhaltsbetrag in Höhe von monatlich … Euro/SFR bis … [Datum/Ereignis].*
2. *Der Vater/die Mutter* zahlt der Mutter/dem Vater* Kindesunterhalt (Alimente) in Höhe von monatlich … Euro/SFR bis … [Datum/Ereignis].*
3. *Die Zahlung erfolgt bis zum dritten Kalendertag eines jeden Monats auf das Konto Nr. … [Bankverbindung].*

§ 11 Freistellung von Unterhaltsansprüchen

1. *Wir verzichten wechselseitig auf Unterhalt als Mutter/Vater und nehmen den Verzicht wechselseitig an.*
2. *Wir verzichten wechselseitig auf die Geltendmachung von Kindesunterhaltsansprüchen.*
3. *Diese Vereinbarung gilt bis … [auflösende Bedingung oder Befristung].*

§ 12 Bezug von Kindergeld/Familienbeihilfe/Kinderzulage*

1. *Das staatliche Kindergeld/Familienbeihilfe/Kinderzulage* soll der Vater/die Mutter* ab … [Datum] beziehen. Hierüber wird … [die auszahlende Stelle] schriftlich bis spätestens … [Datum] Mitteilung gemacht.*
2. *Kindergeld/Familienbeihilfe/Kinderzulage* wird mit … verrechnet [Konditionen der Verwendung].*

§ 13 Kostenaufteilung

1. *Folgende Kosten trägt jeder Elternteil allein: …*
2. *Folgende Kosten trägt die Mutter allein: …*
3. *Folgende Kosten trägt der Vater allein: …*
4. *Folgende Kosten tragen der Vater zu … % [Quote] und die Mutter zu … % [Quote].*

§ 14 Änderungsgründe

1. *Die Unterhaltsvereinbarung gilt bis zu einer Neuregelung des Betreuungsumfangs ± … % des zeitlichen Umfangs, gemessen an Tagen/Nächten* pro Jahr.*
2. *Die Unterhaltsvereinbarung gilt ab … [Datum] für die Dauer von … Monaten.*
3. *Abweichungen von dieser Unterhaltsvereinbarung und Änderungen können nur im Einverständnis zwischen den Eltern vereinbart werden. Änderungen bedürfen der Schriftform.*

4. Teil:
Sonstiges
§ 15 … [Was den Eltern sonst noch der Regelung bedürftig erscheint]
1. …
2. …
3. …

… [Ort], …[Datum]

_____   _____

[Unterschrift der Mutter]   *[Unterschrift des Vaters]*

© Prof. Dr. Hildegund Sünderhauf (2020) Verwendung ist nur für privaten, nicht kommerziellen Gebrauch gestattet.

Literatur

Franbuch-Grembek, G. (2004). *Can joint physical custody succeed with very young children?* Dissertation, Alliant International University/San Francisco Bay, USA.

Kelly, J., & Lamb, M. (2000). Using child development research to make appropriate custody and access decision for young children. *Family and Conciliation Courts Review, 38*(3), 297–311.

Kiesewetter, I., & Wagner, P. (2012). *Eine Woche Mama, eine Woche Papa. Wie Kinder getrennter Eltern gut leben*. Freiburg i. Br.: Kreuz Verlag.

McKinnon, R., & Wallerstein, J. (1986). Joint custody and the preschool child. *Behavioral Sciences & The Law, 4*(2), 169–183. Zusammenfassung In: Folberg (Hrsg.), (1991): *Joint Custody & Shared Parenting*, (2. Aufl., S. 153–166). New York: Guilford Press.

Taylor, A. (1989). Shared parenting – Is it working? Reflections by a court service mediator. *Family and Conciliation Courts Review, 27*(2), 7–16. Zusammenfassung unter dem Titel: Shared Parenting. What it takes to succeed, In: Folberg (Hrsg.)(1991): *Joint Custody & Shared parenting* (2. Aufl., S. 41 – 54) New York: Guilford Press.

7

Schlusswort und Empfehlungen: Was sollen wir beherzigen?

© Katharina Kravets

© Springer Fachmedien Wiesbaden GmbH, ein Teil von Springer Nature 2020
H. Sünderhauf, *Praxisratgeber Wechselmodell*,
https://doi.org/10.1007/978-3-658-27210-4_7

Wie es bei Sommers weiter geht

Und was haben Anna und Martin schlussendlich gemacht?

Nachdem Anna und Martin stundenlang über Kostenauflistungen und Vereinbarungsentwürfen gesessen haben, entschließen sie sich, nur mündliche Absprachen zu treffen und ihre Kraft lieber in das Gelingen des neuen Lebens zu investieren. Sie wollen für das erste Jahr das Wechselmodell ausprobieren und dann weitersehen. Wenn beide Kinder zur Schule gehen, wird sowieso noch einmal alles anders werden. Martin hat Anna zu ihrem Geburtstag gratuliert und ihr ein Gedicht von Khalil Gibran (2010) geschenkt, das sie sich an den Kühlschrank gehängt hat. Anna kannte es zwar schon, doch jetzt hat es eine völlig neue Bedeutung für sie bekommen:

> Eure Kinder sind nicht eure Kinder.
> Sie sind die Söhne und die Töchter der Sehnsucht
> des Lebens nach sich selbst.
> Sie kommen durch euch, aber nicht von euch,
> Und obwohl sie mit euch sind, gehören sie euch doch nicht.
>
> Ihr dürft ihnen eure Liebe geben,
> aber nicht eure Gedanken,
> Denn sie haben ihre eigenen Gedanken.
> Ihr dürft ihren Körpern ein Haus geben,
> aber nicht ihren Seelen,
> Denn ihre Seelen wohnen im Haus von morgen,
> das ihr nicht besuchen könnt,
> nicht einmal in euren Träumen.
> …

Anna und Martin haben Freddy und Pauline noch einmal versichert, dass sie immer für sie als Mutter und Vater da sein werden und dass sie versuchen möchten, dass es ihnen aufgrund der Trennung ihrer Eltern nicht schlechter gehen soll. Wenn sie trotzdem traurig sind, dürfen sie das sagen und nach einigen Monaten werden sich alle vier zusammensetzen und darüber reden, was gut geht und was nicht. Denn eine Familie bleibt immer eine Familie – auch wenn die Eltern nicht mehr zusammen leben … und Oskar hat zustimmend mit dem Schwanz gewedelt.

Abschließend möchte ich Ihnen drei Empfehlungen aus der Fachliteratur und aus Praxiserfahrungen weitergeben:

1. Suchen Sie nach einer individuellen Entscheidung
2. Lassen Sie allen Beteiligten Zeit für Entwicklung
3. Ignorieren Sie „Unkenrufe"

7.1 Individuelle Entscheidungen

Es gibt keine für alle Familien gleichermaßen passenden Lösungen, sondern nur die für *Ihre* Familie passende. Die US-amerikanische Mediatorin *Alison Taylor* (1989) geht von dem Ansatz aus, wonach es kein allgemeines Pro und Contra gibt, sondern individuelle Arrangements gefunden werden müssen, die die folgenden Bereiche umfassen sollten und zu denen sich Eltern *Fragen stellen* sollten:

– **Kommunikation**
   Wie wollen wir Eltern miteinander kommunizieren?
   Wie wollen wir gegenüber den Kindern kommunizieren?
– **Organisation der Verantwortlichkeiten**
   Wer macht was? Möglichst konkret….
– **Betreuungsplan**
   Wann ist das Kind wo?
   Wer betreut es?
   Wer hat die Notfallverantwortung, wenn die Tagesbetreuung ausfällt/im Krankheitsfall?
– **Ersatzbetreuung**
   Wer ist als weitere Betreuungsperson akzeptiert und wie oft?
   Wer entscheidet was? Möglichst konkret ….
– **Aufstellung und Durchsetzung von Regeln**
   Wollen wir das gleich handhaben?
   Worin haben wir Übereinstimmung?
   Worin haben wir Dissens?
– **Unvorhersehbare Ereignisse**
   Was machen wir, wenn …?

Bei der Anwendung müsse, so *Taylor*, auf die individuellen Rahmenbedingungen der Familie ebenso Rücksicht genommen werden, wie auf Wünsche der Kinder und wechselseitige Empfindlichkeiten. Nach *Taylor* könnte die gesamte Forschung Eltern in der grundsätzlichen Entscheidung für das Wechselmodell bestärken, für den konkreten Einzelfall sei sie aber eigentlich unwichtig, denn jede Familie sei so einzigartig und die Bedürfnisse der Menschen so verschieden, dass man nur diese in den Mittelpunkt seiner Überlegungen und Entscheidungen stellen sollte (Taylor a. a. O., S. 46). Nutzen Sie diese Freiheit.

7.2 Entwicklungsprozesse brauchen Zeit

Nehmen Sie sich Zeit, für die Entscheidung ebenso, wie für die Umsetzung und Erprobung eines Betreuungsmodells und haben Sie Geduld mit sich, dem Co-Elternteil und mit den Kindern. Ein Betreuungsmodell ist kein Feld für „Hau-Ruck-Entscheidungen" (auch wenn sich Eltern vielleicht manchmal durchaus einen „Ruck" geben müssen). Die beiden Kernaussagen einer Studie von *Brotsky et al.* (1988) lauten:

- Es braucht Geduld und Zeit (1 bis 2 Jahre) bei der Umsetzung einer abwechselnden Betreuung; Unterstützung durch Mediation und Beratung hilft Eltern und Kindern dabei.
- Auch anfangs skeptische Eltern, die das Wechselmodell nur als Kompromiss wählen oder unfreiwillig praktizieren, können im Wechselmodell ein gutes, Kindeswohl und Elternglück förderliches Betreuungsmodell finden.

Auch *Irving et al.* (1984) sprechen von mindestens einem Jahr Probezeit, in der das Betreuungsmodell evaluiert und angepasst werden muss. Die Trennung ist wie ein Erdbeben – der Wiederaufbau der Beziehungen und des Alltagslebens dauert seine Zeit. Auch im gut funktionierenden Wechselmodell wird es Krisen geben. Wiederstehen Sie dem Impuls alles hinzuwerfen – ihre Verantwortung als Mutter oder Vater verlangt danach, dass Sie Wege suchen und finden, die Probleme zu lösen.

7.3 Umgang mit kritischen Stimmen

Anstatt Ermutigung und Unterstützung für ihr mutiges und verantwortungsvolles Unterfangen zu bekommen, erfahren viele Wechselmodelleltern kritische Nachfragen, gut gemeinte Ratschläge, es doch besser anders zu machen oder offene Kritik (Cossham 2017; Kiesewetter und Wagner 2012). Dem dürfen, ja dem müssen Sie sich wiedersetzen. Mütter, die ihre Kinder *auch* mit dem Vater leben lassen, sind gute Mütter, weil sie die Bedeutung des Vaters für die Entwicklung ihres Kindes anerkennen und fördern. Gleiches gilt für Väter im umgekehrten Fall, allerdings erhalten Väter, die ihr Kind im Wechselmodell betreuen, meistens weniger Vorwürfe, sondern eher Lob für ihr Engagement (vgl. Kiesewetter und Wagner 2012, S. 73 ff.). Legen Sie sich Antworten auf immer wieder kehrende Fragen oder Bemerkungen zurecht, zum Beispiel:

„Kinder müssen wissen, wo ihr Bett steht!"

- „Ja, die Kinder wissen wo ihr Bett steht: Eines bei Mama und eines bei Papa, genauso wie bei Kindern, die ihren Vater am Wochenende besuchen – die haben ja auch zwei Betten – da ist eigentlich kein gravierender Unterschied."

„Die armen Kinder, wie zwei kleine Nomaden: heute hier, morgen dort ... "

- „Nein, die Kleinen sind keine „Nomaden", denn sie haben die Geborgenheit von zwei feststehenden Elternhäusern, mit Mutter und Vater, die für sie da sind."

„Würdest Du denn gerne jede Woche wo anders wohnen?"

- „Nein, unsere Kinder wohnen nicht jede Woche wo anders, sondern abwechselnd bei Mama und Papa. Sie gehen nicht zu Besuch bei uns, sondern sie kommen immerzu nachhause."

„Früher gab's so etwas nicht!"

- „Das stimmt – leider! Früher haben Kinder geschiedener Eltern in den meisten Fällen den Kontakt zu einem Elternteil ganz verloren und darunter häufig ein Leben lang gelitten."

„Also: ich könnte das nicht ... "

- „Es ist auch nicht immer einfach für mich, aber ich strenge mich für meine Kinder an, dass das Wechselmodell gelingt, damit sie gefestigte Bindungen und eine gute Beziehung zu Mutter und Vater haben können, obwohl wir uns getrennt haben. Denn ich möchte nicht, dass sie unter unserer Trennung/Scheidung mehr leiden müssen, als nötig."

Und wenn doch Zweifel an Ihnen nagen, schauen Sie auf ihr Kind: Wie entwickelt es sich? Ist es glücklich? Ist es zufrieden? Und wenn es alt genug dafür ist, sprechen Sie mit ihm darüber, ob es an der Betreuungssituation etwas ändern möchte oder nicht.

Literatur

Brotsky, M., Steinman, S., & Zemmelman, S. (1988). *Joint custody through mediation – Reviewed. Parents assess their adjustment 18 month later. Conciliation Courts Review, 26*(2), 53–58. Zusammenfassung unter dem Titel: Joint Custody Through Mediation: A Longitudinal Assessment of the Children. In Folberg (Hrsg.), (1991): *Joint Custody & Shared Parenting* (2. Aufl., S. 167–176). New York, London: Guilford Press.

Cossham, L. F. (2017). *Plötzlich Raben Mutter? Wie ich meine Familie verließ und mich fragte, ob ich das darf.* München: Blanvalet.

Gibran, K. (2010). *Von den Kindern.* In Der Prophet (S. 23 f.). Köln: Anaconda. Titel der Originalausgabe: The Prophet, New York: Alfred A. Knopf (Erstveröffentlichung 1923).

Irving, H., Benjamin, M., & Trocme, N. (1984). Shared parenting: En empirical analysis utilizing a large data base. *Family Process, 23,* 561–569.

Kiesewetter, I., & Wagner, P. (2012). *Eine Woche Mama, eine Woche Papa. Wie Kinder getrennter Eltern gut leben.* Freiburg i. Br.: Kreuz.

Taylor, A. (1989). Shared parenting – Is it working? Reflections by a court service mediator. *Family and Conciliation Courts Review, 27*(2), 7–16. Zusammenfassung unter dem Titel: *Shared Parenting. What it takes to succeed.* In Folberg (Hrsg.)(1991). Joint Custody & Shared parenting (2. Aufl., S. 41–54) New York: Guilford Press.

Stichwortverzeichnis

.